一目で伝わる！

公務員の図解で見せる資料のつくり方

田中富雄 [著]
Tanaka Tomio

学陽書房

はしがき

　ワープロやパワーポイントの登場によって、誰でも簡単に図解資料がつくれるようになりました。さまざまな統計や資料を作成することの多い自治体（市町村）の現場では、以前にも増して図解資料作成の場面が増えています。

　ただし、誰にでもきれいに図解資料をつくることができるようになった半面、いったいこの図は何を伝えたいのか、肝心の要点がつかめないような資料を目にすることも決して少なくありません。

　ちまたには、プレゼン資料のノウハウ本がさまざま出ていますが、これらは広く民間ビジネスマンを対象としているので、市町村の職員の方々が実際に資料を作成しようと思うとき、さまざまなケースをどのように図解化するのか、市町村の事務における資料作成を政策形成に即して、その工程を具体的に示したものがありませんでした。

　そのような視点を出発点として、本書は市町村の現場における図解表現のつくり方を、読者の皆さんにお示しすることをテーマにしています。

　市町村の現場では、企画立案や政策遂行にあたり、現状把握、目標設定、課題抽出、選択肢作成、比較検討、決定、実施、評価という政策サイクルが欠かせません。特に、政策メニュー（選択肢）のうち何をどう選び政策としてパッケージ化（組み合わせ）するのかといった情報を、庁内さらには市民をはじめとする関係者に共有することが必要となります。担当者には、これらの情報をときには総合的に、ときには抜粋してコンパクトに要領よく図解に落とし込んで、上司や関係者に提供することが求められています。

　本書では、その一連のプロセスにおいて必要となる図解の作成方法のエッセンスをまとめることとし、それぞれの項目でプロセスの「見える化」に努めました。

　本書は、図解資料を作成するための実務書としてわかりやすさを追求

し、以下のような特徴を持たせました。

- 第1に、原則として、頁を見開くと左側の頁に各項目の説明、右側の頁に図解の具体例を示すこととしました。
- 第2に、説明の頁では、具体的な小見出しをつけるようにしました。これによって日々の業務の中で、読者にとって知りたい内容が早く見つかるようにし、かつ説明文も簡潔にしています。
- 第3に、図解の頁については、修正前の図解と修正後の図解を併記することで図解の良し悪しが一目で比較できるようにしました。

　本書をお読みいただくことで、あらためて図解の作成プロセスを知ることができます。実際に市町村の最上位計画である総合計画や今年度から全国的にスタートすることとなった地方版総合戦略をはじめとする各種計画づくり、そして個別具体の政策形成をはじめとする政策過程・政策サイクル（PDCA）における政策分析においても、本書の各頁に示されている図解を活用することができます。

　読者の皆さんが「図解思考による政策形成」をとおして、地域の課題解決の実現に向けて、少しでもお役に立つことができるのであれば著者としてこれほどうれしいことはありません。

著者

目　次

第1章　優れた図解資料の特徴とは何か

1. 全体像を把握したいという要望に応える ……………………… 12
2. 必要な情報が整理・整頓されている …………………………… 14
3. すぐわかること・シンプルさが第一 …………………………… 16
4. 図解にしてよい場合とよくない場合 …………………………… 18
5. 図解資料と文章のバランスが大切 ……………………………… 20
6. 調査概要や出典を明示する ……………………………………… 22
7. これが図解の定型パターン ……………………………………… 24
   第1章のまとめ …………………………………………………… 26

第2章　進捗管理で役に立つ図解作成の実際

1. スケジュール・工程管理の表現 ………………………………… 28
   1. 複数年度・単年度の全体スケジュール …………………… 29
   2. 複数工程を同時に表現する ………………………………… 34
   3. 部門間連携・調整が必要な場合のスケジュール ………… 36
2. 目標管理の表現 …………………………………………………… 38
   1. 部課の目標・取組みを明示する …………………………… 39
   2. 工程表①　コンペ方式による契約締結までの工程 ……… 42
   3. 工程表②　道路整備計画における工程 …………………… 44
   4. 達成率の違いを際立たせる ………………………………… 46
   5. データ要素を比較する ……………………………………… 48
   〈参考〉グラフ作成のワンポイント …………………………… 50
   第2章のまとめ …………………………………………………… 52

第3章　日常の資料作成に必須の図解表現

- **1** メニュー・選択肢を示す場合の表現 ……………………………… 54
- **2** 相互の連携を描く ………………………………………………… 57
- **3** 計数・統計情報を見せる場合の表現 …………………………… 59
  - 1 項目別内訳を重視する ………………………………………… 60
  - 2 項目分布の広がりを見せる …………………………………… 62
  - 3 全体規模と各項目規模を同時に見せる ……………………… 64
  - 4 時系列の推移を表現する ……………………………………… 66
- **4** 複数の要素をまとめて描く場合の表現 ………………………… 68
  - 1 項目数で図解を変える ………………………………………… 70
  - 2 突出したデータは二重波線で工夫 …………………………… 72
  - 3 複数の指数を比較する ………………………………………… 74
- **5** 分布図・各層比較を描く場合の表現 …………………………… 76
  - 1 ポジティブ表現とネガティブ表現 …………………………… 78
  - 2 SWOT法を用いる ……………………………………………… 80
  - 3 ニーズの重要度・緊急度を描く ……………………………… 83
- 第3章のまとめ …………………………………………………………… 85

第4章　「デザイン」改良の基本

- **1** 情報量を絞り余白を活用する …………………………………… 88
- **2** 強調表現の多用は避ける ………………………………………… 90
- **3** 階層を明確に、注記は必要最小限に …………………………… 92
- **4** 書体、罫線で一体感、まとまり感を出す ……………………… 94
- **5** ボックスを工夫しポイントを強調 ……………………………… 97
- **6** 縦軸と横軸を入れ替える ………………………………………… 99
- 第4章のまとめ …………………………………………………………… 100

第5章　図解表現作成の流れを覚えよう

- **1** 実際に体系図をつくる ……………………………………… 102
- **2** 実際に関係図をつくる ……………………………………… 109
- 第5章のまとめ ……………………………………………………… 114

終章　図解の技術を政策づくりに活かす

- **1** 図解思考のすすめ …………………………………………… 116
- **2** チェック・リスト …………………………………………… 118
- **3** 政策手法と政策フロー ……………………………………… 120
- 〈参考〉現状から将来（過去）推計を示す …………………… 123
- 終章のまとめ ……………………………………………………… 129

あとがき ………………………………………………………………… 130

こんなことで困っていませんか?

1　「意味がわからない」と、いつも資料のつくり直しを求められる
2　資料作成に時間がかかる
3　結論の導き方がわからない

こんなときに、本書を大いに活用しましょう!

本書の内容を実践すれば、こう変わります!

1　図解資料の作成ノウハウが身につく！
2　資料作成の効率がアップする！
3　「わかりやすい！」と信頼がアップする

図解は情報伝達の強力な手段となるのです！

本書で図解思考を身につけよう

日常の仕事・実務での図解の活用事例

○打ち合わせ、会議、プレゼンテーションの場での企画書、提案書としての活用
○住民に向けたわかりやすい広報、お知らせ文書、案内状としての活用
○ブレーンストーミング（BS）等で応用

⬇

『図解思考』による政策形成 ⬅➡ 発想の拡大

⬇

現状把握、目標設定、課題抽出、選択肢作成、比較検討、決定、実施、評価という

政策プロセスの見える化

⬇

地域の課題解決に必要な政策のスピーディな形成・理解・共有

第 1 章

優れた図解資料の特徴とは何か

1 全体像を把握したいという要望に応える

●**聞き手を安心させる**

　はじめての資料をみたり、プレゼンテーションを受けるとき、人は、はじめに無意識のうちに全体像を把握しようとします。

　最初に全体像を示すことで、聞き手は聞く準備ができます。また、話し手にとっても、これから話す内容を確認することができ、安心して話すことにつながります。

　たとえば、アップル社の故ジョブズ氏は「今日は3つの○○的な新製品を発表します」というように、「そこで何が話されるのか」を最初に説明していました。その「そこで何が話されるのか」を資料上で示すのが、全体像を示す図解の役目です。

●**多くの情報量が一目で理解できる**

　例を示します。右の図解「地域で子どもを見守るネットワーク」を、文章だけで表現すると「子ども・子育て・家庭、町会・自治会等、人権擁護機関、民生・児童委員、医療機関、保健所、警察、児童相談所、家庭児童相談所、市役所、学校・教育委員会、保育所・幼稚園、児童センター、ファミリー・サポート・センター、子育て支援センター・つどいの広場……」と、ダラダラとした文章になってしまいます。

　そこで「子ども・子育て・家庭」の円を中心に据えて、ネットワークの機関を配置します。こうすれば、読み手は一目でネットワークメンバーを知ることができます。このように内容を読み手に一目でわかるようにしたのが、図解の効果なのです。

　全体像を示すメリットとは、「〈読み手〉一目で全体像がつかめる⇔〈書き手〉文字での説明を簡略化できる」ことにあるのです。

ひとつの図表で全体を示す

地域で子どもを見守るネットワーク

子どもを見守るネットワークには、次のようなさまざまな機関、団体があります。

子ども・子育て・家庭、町会・自治会等、人権擁護機関、民生・児童委員、医療機関、保健所、警察、児童相談所、家庭児童相談所、市役所、学校・教育委員会、保育所・幼稚園、児童センター、ファミリー・サポート・センター、子育て支援センター・つどいの広場……。

修正前 一見しただけではすぐに内容がつかめません。

⬇

地域で子どもを見守るネットワークの構築

子どもを見守るネットワークは、安心して子育てができる環境を整えます。

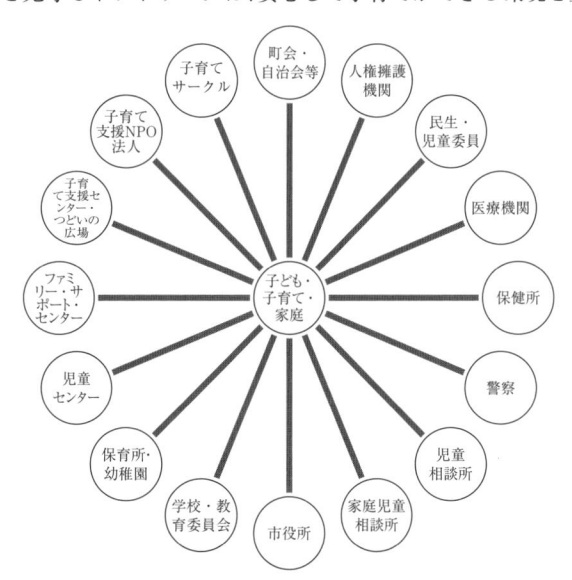

中心に「子ども・子育て・家庭」を置き、そこから放射状に以下の機関・団体が結ばれている図：
町会・自治会等、人権擁護機関、民生・児童委員、医療機関、保健所、警察、児童相談所、家庭児童相談所、市役所、学校・教育委員会、保育所・幼稚園、児童センター、ファミリー・サポート・センター、子育て支援センター・つどいの広場、子育て支援NPO法人、子育てサークル

修正後 ネットワークの関係・役割が一目でわかります。

第1章　優れた図解資料の特徴とは何か

2 必要な情報が整理・整頓されている

●**政策体系や組織体系はツリー図で示す**

　読み手が、政策や施策について体系づけて知りたいとき、政策や施策の関係性をツリー状にして表すことで、受け手はその構造を理解しやすくなります。本書では、ボックス（次頁の囲み）の中で使用する言葉は、なるべく一般的な言葉（用語）を用いることとします。

　右は「行政改革体系図」を示した例です。修正前のキーワードは、「成果重視でスリムな市政運営、行政運営改革、事務事業の改善と再編、民間活力導入、財政運営改革、収納率向上、市有財産等の有効活用、人づくり改革、人事制度見直し、計画的な能力開発」となっていますが、文字を列記しただけでは体系の階層や分類がわかりません。これらについても文字だけで説明することは大変な労力が必要となります。

●**大枠から細部に流れる構造にする**

　そこで、「行政改革体系図」と題して体系を右のように示します。この場合の情報の整理・整頓のポイントとしては、
- ・短い言葉で表現する
- ・各ツリーの項目は3つ程度にとどめる
- ・図解の階層を活用する
- ・対比する

ことを心掛けてください。

　ツリーが下がっていくにしたがって、具体的になりますが、だからといってダラダラとした文章を入れ込まないように注意が必要です。

階層はツリー図で示す

当市が目指している市政運営の概要は次の通りです。
1　成果重視でスリムな市政運営をめざします
　(1)　行政運営改革を進めます
　　　ア　事務事業の改善と再編を行います　イ　民間活力を導入します
　(2)　財政運営改革をめざします
　　　ア　収納率を向上します　イ　市有財産等の有効活用を図ります
　(3)　人づくり改革をめざします
　　　ア　人事制度を見直します　イ　計画的な能力開発を行います

修正前　文章を読み込ませることになります。

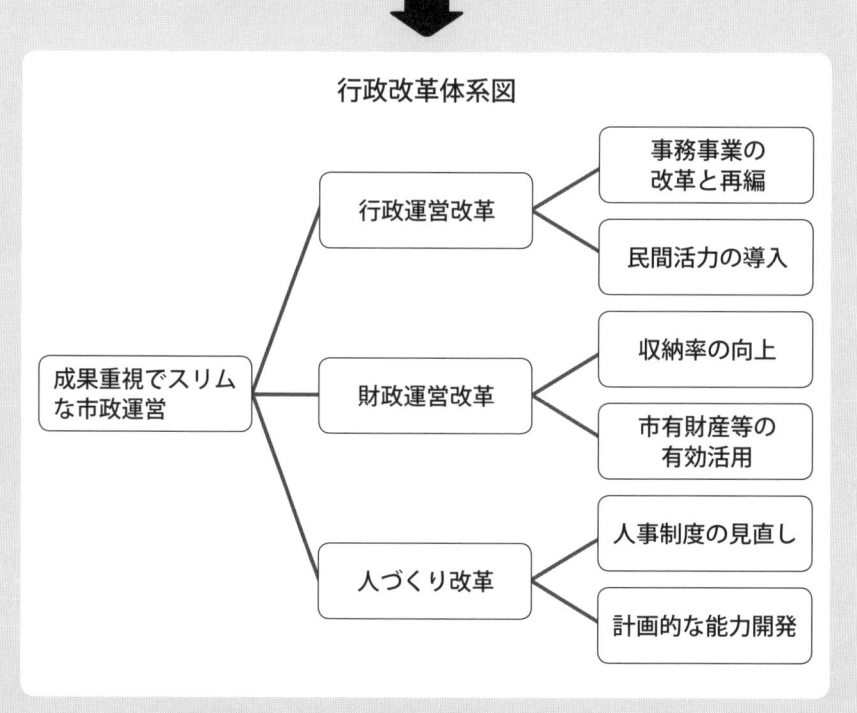

⬇

行政改革体系図

```
成果重視でスリム ─┬─ 行政運営改革 ─┬─ 事務事業の改革と再編
な市政運営        │                └─ 民間活力の導入
                  │
                  ├─ 財政運営改革 ─┬─ 収納率の向上
                  │                └─ 市有財産等の有効活用
                  │
                  └─ 人づくり改革 ─┬─ 人事制度の見直し
                                   └─ 計画的な能力開発
```

修正後　体系を3階層で体系づけて表しています。

3　すぐわかること・シンプルさが第一

●読まれない資料に意味はない

　どんなに正確な資料であっても、複雑な資料では、積極的に読んでもらうことができません。

　また、読み手は、たいてい忙しいものです。そこで、必要となる資料は、読まなくとも理解できるもの、一目見るだけで理解できるものとすることが必要です。また、専門用語の多用や長い文章は避けましょう。フォントも2種類程度にとどめましょう。

●前提知識がないヒトでも理解できるようにする

　数値や金額を扱う予算書・決算書のような資料は職員や議会議員にとってはおなじみの書式でも、一般の市民の方々にとっては単なる数字の羅列にしか見えません。意味がわからないといわれないためにも図表化によって、要点を示すことが効果的です。

　次頁には「A市の1日の指標」を例として示しました。1日の指標とすることで、実感をもって決算の数字を把握していただけると思います。

　「自治体の1日の指標」や「市民1人当たりの指標」を用いることで、市民の方々が予算額・決算額や事業のアウトプット数値を身近に、かつ適切に判断できることにつながります。

●図表のなかの項目にラベルの役割を持たせる

　次頁の図のように、ラベル部分をアミ掛けにしたり、文字の大きさを変えることで、読み手は見たい箇所の発見が容易になります。各ラベルの最上部のアミ掛け部分が、そのラベルの役割を果たすからです。

決算参考資料の例

```
A市　平成26年度決算参考資料

ごみ排出量              41,975トン
○○駅鉄道乗車人員      6,575,110人
救急出場件数            5,110件
```

修正前　市民にとっては数字の羅列にしか見えません。

↓

A市の1日の指標

（平成26年度決算参考資料）

ごみ排出量	鉄道乗車人員 （A駅）	救急出場件数
115トン	18,014人	14件

修正後　大きなケタの数字を「1日あたりの数」として表現しました。数値を1日単位に置きかえ、イラストを入れることで、シンプルで一目でわかる図解資料に変身します。

第1章　優れた図解資料の特徴とは何か

4 図解にしてよい場合とよくない場合

●すべて図解化すればよいわけではない

　次頁の図をご覧ください。これはベン図というものです。1つひとつの項目を円にして、その重なりあうところの関係性を示すものです。

　主体の役割分担や共通点を示すにはたいへん便利な図です。

　注意したい点として、1つの項目について関係性を表す場合には重なりがあってもよいのですが、2つ以上の項目についての関係性を表す場合には重なりがわかりにくくなります。

●1図1メッセージを基本にする

　ここでは、事例として、「まちづくり主体の義務と努力義務」についてと、「まちづくり主体の義務」についてを比較します。

　前者では「義務と努力義務」を示し、後者は「義務」だけを示しています。

　まちづくりの主体は、前者・後者ともに、市民、企業・事業者、政府（国・自治体）として考えます。

　前者はアミ掛け部分に「努力義務の範囲」という意味を持たせていますが、これでは、読み手には通じないと思います。

　この例に示すように、伝えたい要素すべてを図解にして、情報を盛り込みすぎると返って、図解使用のメリットを削いでしまうことになりかねません。

　2つの項目についてベン図で関係性を表したいときは、ベン図を2つに分けることで対応しましょう。

メッセージが多いと読み込めない

2つの項目についての関係性

【まちづくり主体の義務と努力義務】

- 市民の義務
- 企業・事業者の義務
- 政府の義務（国・自治体）

■は各主体の努力義務の範囲

修正前 まちづくりの主体は、項目が義務と努力義務と2つあり、図解が複雑化してわかりにくくなっています。

1つの項目についての関係性

【まちづくり主体の義務】

- 市民の義務
- 企業・事業者の義務
- 政府の義務（国・自治体）

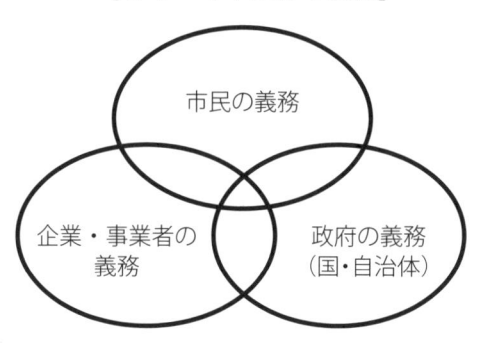

修正後 項目を「義務」のみとしました。

5 図解資料と文章のバランスが大切

●図解資料と文章の主従、役割分担を決める

　図解を活用しつつ、さらにまた文章で同様のメッセージを盛り込んでいる資料を目にすることがあります。

　資料の作成者にとっては、「大切なところだから」とか「強調の意味で……」といった理由で二重に示すのでしょうが、重複する表現はそれを初めて見る側にとっては情報量が多く見える上に、同じことが何度も書かれている印象を受け、不快感さえ覚えることもあります。

●思い切って削ることが大切

　次頁の図は、新規事業を考えるときなど、次のステップをどう進めればよいかを示したものです。

　上の例では、「〜のとき」という表現が列記され、さらに「変化を見落とさない工夫」という文章が図を挟むかたちで示されています。よく見ると、図の上の箇条書きの内容と図の下の箇条書きの内容が、同じ内容を別の面から表現しているにすぎません。

　このような場合は、図の上の箇条書きの内容と、図の下の箇条書きの内容を一本化して表現したほうがわかりやすい図解となります。

　まずは、①文章が主なのか、それとも図解が主なのかを決め、②情報の重複があれば思い切ってどちらかに整理する、③内容が似ているコメントや注釈は、表現を工夫して、なるべく数を減らすことが必要です。

　こうして編集された資料によって、読み手は、短時間で内容を把握することができるのです。

情報の重複は禁物

- 現状打開したいとき
- 重大な意思決定をするとき
- いいアイデアを集めたいとき

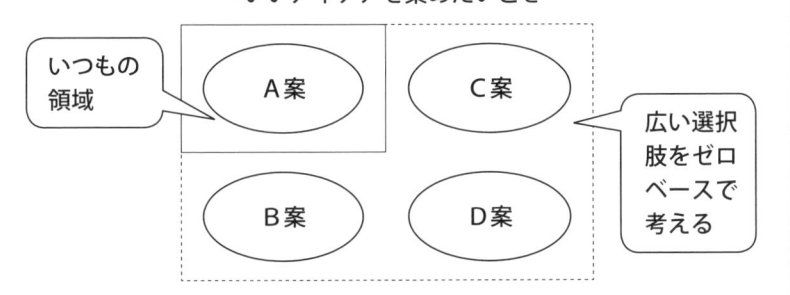

【いつもの領域】→ A案　C案　【広い選択肢をゼロベースで考える】
B案　D案

変化を見落とさない工夫

もっといい案があると考えよう
もっと抜本的な解決策はないか

修正前　文章が多すぎて、図で伝えたい内容がはっきりしません。また上下の文章の意味が重複しています。

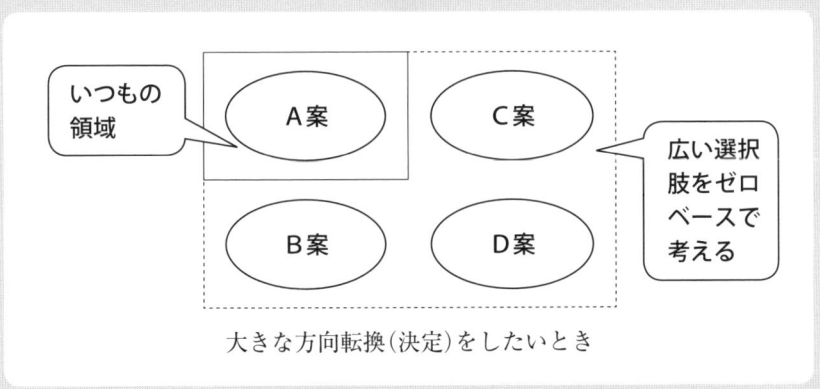

⬇

【いつもの領域】→ A案　C案　【広い選択肢をゼロベースで考える】
B案　D案

大きな方向転換(決定)をしたいとき

修正後　余計な文章を取り除き、図が主体であることを明確にしました。

第1章　優れた図解資料の特徴とは何か

6 調査概要や出典を明示する

●政策提案の魅力を半減させないために

　政策提案を補強するための材料として数字データを使用することがよくあります。アンケート調査や文献引用によって論旨を補強をする場合です。調査概要や文献引用があったほうが、より正確なデータの内容確認ができます。信憑性も確保されます。

　しかし、せっかく説得力のある提案書を作成したとしても調査概要で規模数が示されていなかったり、引用元の文献の出典が明示されていないと、説得力はおろか信頼も半減してしまいます。有償刊行をする資料の場合等は、著作権が問題となることもあります。

　調査概要や出典は、ルールに基づき正確に明記しましょう。

●引用のルール

　著作権法における引用の成立要件について、おおまかにいうと次の通りとされています。

　　・**いかなる場合でも**―まず引用元の資料が公表されたものであること。さらに自説の正当性を謳う必要がある場合の例証や論点補強のために使用するものであること。

　　・**どのように**―自分の本文を主として、引用はあくまで従の関係にあること。自説と引用部分が一見してわかること。この場合、カギ囲み書き、字下げ、あるいは行空きを取ること。

　　・**どのくらいを**―例えば、取り上げる事例の数が多いか少ないかによっても、ひとつの事例から引用する分量は変わります。政策提案に至る研究のスタイルが定性的なものであるのか、数量的なものであるのかにより異なりますが、いずれの場合でも必要最少限にするようにしましょう。

最低限の概要は忘れずに

市民参加したことがありますか

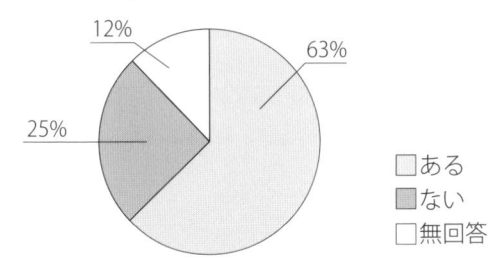

市民参加の経験

12%
63%
25%

☐ ある
■ ない
☐ 無回答

修正前 調査の規模、調査方法や時期が示されていません。

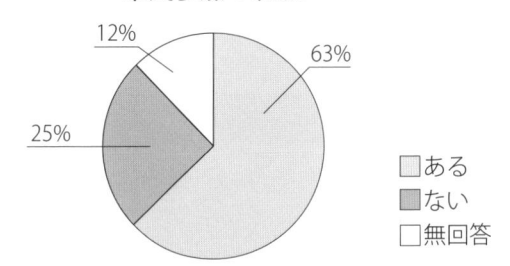

↓

市民参加の経験

12%
63%
25%

☐ ある
■ ない
☐ 無回答

〔調査概要〕
調査名称　　◇◇調査
調査区域　　○市内
調査目的　　ABCDのため
調査対象　　○市△台帳無作為抽出市民　2,000人
調査時期　　2015.10.1(火)～2015.10.15(火)
調査方法　　インターネット調査
調査主体　　○市
回答率　　　88パーセント

修正後　「調査概要」を明示しました。
これが調査の裏づけを明確にして、資料の信頼度を
アップさせます。

第1章 優れた図解資料の特徴とは何か

7 これが図解の定型パターン

● 図解の基本型

　図解には、ピラミッド型、ツリー型、プロセス型、マトリクス型など、さまざまなパターンがあります。
　図解として、よく使われるパターンを次ページに示しました。
　作成資料の内容に最も適したパターンを工夫して活用しましょう。

● 矢印の基本型

　図解では、○型や□型のボックスのほかに、関係を表すためのさまざまな矢印を用いることで、内容の理解を深めることができます。

　〈矢印の事例〉

　　・動き、影響、因果関係　　　　　→
　　・予測　　　　　　　　　　　　- - →
　　・上昇　　　　　　　　　　　　↗
　　・下降　　　　　　　　　　　　↘
　　・分岐　　　　　　　　　　　　⇉
　　・合流　　　　　　　　　　　　⇾
　　・分化　　　　　　　　　　　　＜
　　・対応、バランス　　　　　　　↔
　　・双方向、やり取り　　　　　　⇄
　　・対立、矛盾　　　　　　　　→←
　　・ポジティブな図（右回り）　　↻
　　・ネガティブな図（左回り）　　↺

図の基本型の12パターン

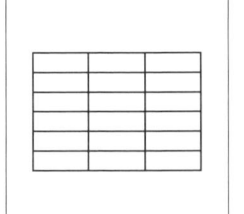

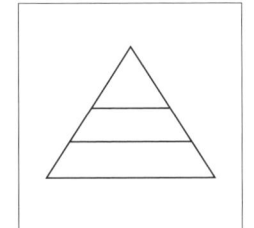

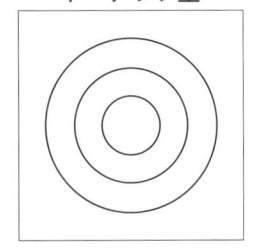

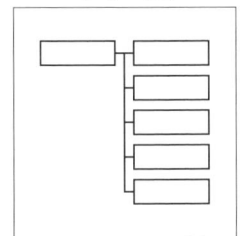

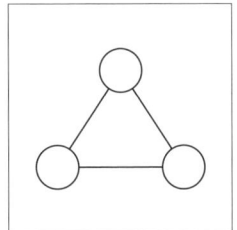

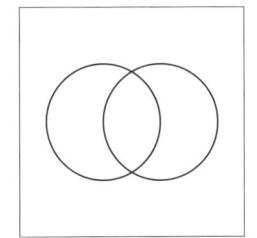

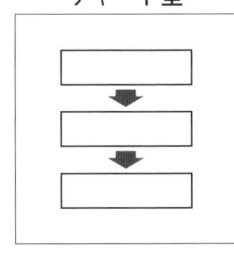

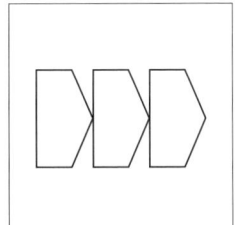

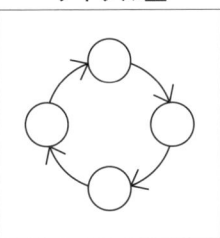

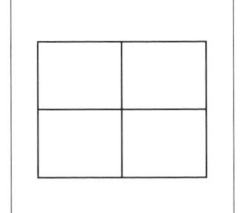

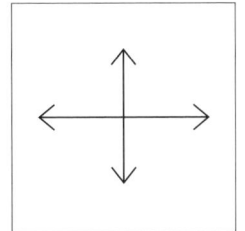

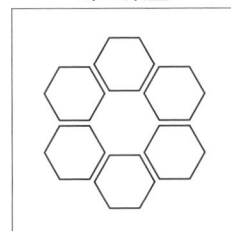

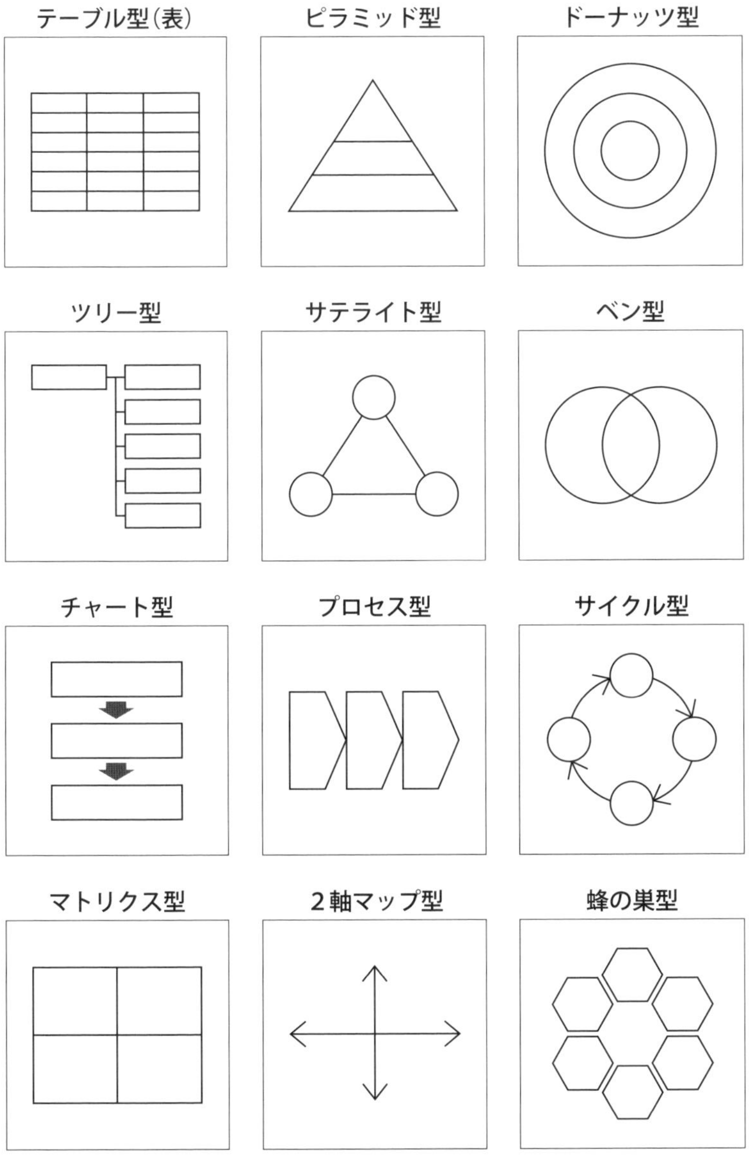

テーブル型（表）	ピラミッド型	ドーナッツ型
ツリー型	サテライト型	ベン型
チャート型	プロセス型	サイクル型
マトリクス型	2軸マップ型	蜂の巣型

第1章　優れた図解資料の特徴とは何か

第1章のまとめ

図解は速やかな情報伝達の強力なツール！

◎図解使用のメリット
1　スピーディに内容を把握できる
2　情報が整理できる
3　全体像がつかめる
4　漏れや重複をチェックできる

◎図解の活用事例
1　打ち合わせ、会議、プレゼンテーションの場での企画書、提案書
2　ブレーンストーミング（BS）等での発想の拡大のためのたたき台
3　データ分析

◎図解作成のポイント
1　専門用語や長文は避ける（＝簡潔な表現に！）
2　調査概要や出典を明示
3　定型パターンを活用

第2章

進捗管理で役に立つ図解作成の実際

1　スケジュール・工程管理の表現

●**複数のパターンを組み合わせる**

　実際の図解づくりでは、第1章の図解の定型パターンに示したものだけではなく、それらのパターンを組み合わせて使用することも少なくありません。

　縦軸にはプロジェクトを、横軸にはタイムスケジュールを示した例として、ここでは「行政改革・年度別計画表」を取り上げます。

　30・31頁に複数年度の全体スケジュールの例として示した「行政改革・年度別計画表」は、第1章の図解の定型パターンで示した、表とプロセス型（矢印）を組み合わせたパターンと理解することができます。

　32・33頁の年間スケジュールの事例は、プロセス型の一種と見ることができます。

●**一目で「流れ」がわかるようにするポイント**

　スケジュール・行程を示す際のポイントは、次の通りです。

・なるべく→や□等の記号を使用する
・詳細なことは盛り込みすぎない。また極力書かない
・項目は時系列順に示す
・見出しはなるべく短かく
・工程を1枚に収める（一覧性の確保）
・詳細な工程は別紙とする

1-1 複数年度・単年度の全体スケジュール

●複数年度の進行は、表形式が使いやすい

　複数年度にわたる全体スケジュールを作成する場合は、表形式にすると見やすくなります。事例（30頁）の「行政改革・年度別計画表」の場合、3つの分野にわたる7つのプロジェクトを示しています。

　この「行政改革・年度別計画表」が行政改革の年度別計画の概要を示すものであることから、年度別計画の欄については、検討準備、実施、評価という3つのパターンで単純化して作成しています。

●長期の場合、実現可能性、変更の有無が主題となる

　年度をまたぐ施策や行政改革といった市町村運営を大きく左右するような事業の計画には、度重なる変更や実現への不確実性がつきものです。現在、決められることはあくまで案・予定でしかない場合がほとんどです。

　そこで、「いつ何をする予定になっているのか」を伝える資料をつくることが重要といえます。□の長さを活かして簡略化した統一的な表現にすることで、30頁の（修正前）のものが、31頁の（修正後）のようにわかりやすくなります。

●単年度の場合は月ごとにすべき内容を明確に示す

　単年度の事業を示す例として、32頁に「空き家条例施行までの年間スケジュール」を示しました。単年度スケジュールは、複数年度と対照的に条例制定のリミットが明確に決まっています。そこで、「いつからいつまでに何をしなければいけないのか」をバーチャートで示すことで、スケジュールを具体的にすることができます。

タイムスパンの長短を明確に

行政改革・年度別計画表

区分	プロジェクト名	年度別計画		
		平成27年度	平成28年度	平成29年度
財政の健全化	歳出を見直し、徹底した効率化を図ります。	検討準備	検討準備	実施
財政の健全化	納付率を高めて増収を図ります。	検討準備	実施	評価
組織力の強化	庁内分権によって柔軟で機動力のある組織を確立します。	検討準備	検討準備	実施
組織力の強化	市民サービス向上のため、職員の能力を高めます。	検討準備	実施	実施
政策的事業の重点化	子どもたちが健やかに成長できるよう、児童館に指定管理者制度を導入します。	検討準備	実施	実施
政策的事業の重点化	安全安心な学校生活が送れるよう、学校教育環境整備を進めます。	検討準備	実施	評価
政策的事業の重点化	読書環境を整えるため、図書館ネットワークの整備充実を図ります。	検討準備	検討準備	実施

修正前 連番がなく、表全体に雑然とした印象があります。検討準備・実施・評価がいずれも均等の ▷ で表されているため、単年度主体のものになっています。そのため、期間の長短が一見でわかりません。

行政改革・年度別計画表

区分		プロジェクト名	年度別計画		
			平成27年度	平成28年度	平成29年度
財政の健全化	①	歳出の見直し、徹底した効率化	検討準備		実施
	②	納付率を向上による増収	検討準備	実施	評価
組織力の強化	③	庁内分権による柔軟で機動力のある組織の確立	検討準備		実施
	④	市民サービス向上のための職員の能力向上	検討準備	実施	
政策的事業の重点化	⑤	子どもたちの健やかな成長に向けた児童館への指定管理者制度の導入	検討準備	実施	
	⑥	安全安心な学校生活のための学校教育環境整備	検討準備	実施	評価
	⑦	読書環境を整えるための図書館ネットワークの整備充実	検討準備		実施

修正後 説明時に便利なように連番を振りました。プロジェクト名は体言止めの表現にして短かくしました。
　検討準備・実施・評価について、▷の長さでタイムスパンが示されているため、期間の長短が明確になっています。

施行期日もわすれずに明記

　単年度における一つの業務のスケジュールには、バーチャートを用いて表現する方法があります。

　事例は、空き家条例を制定する場合の年間スケジュールです。

空き家条例施行までの年間スケジュール

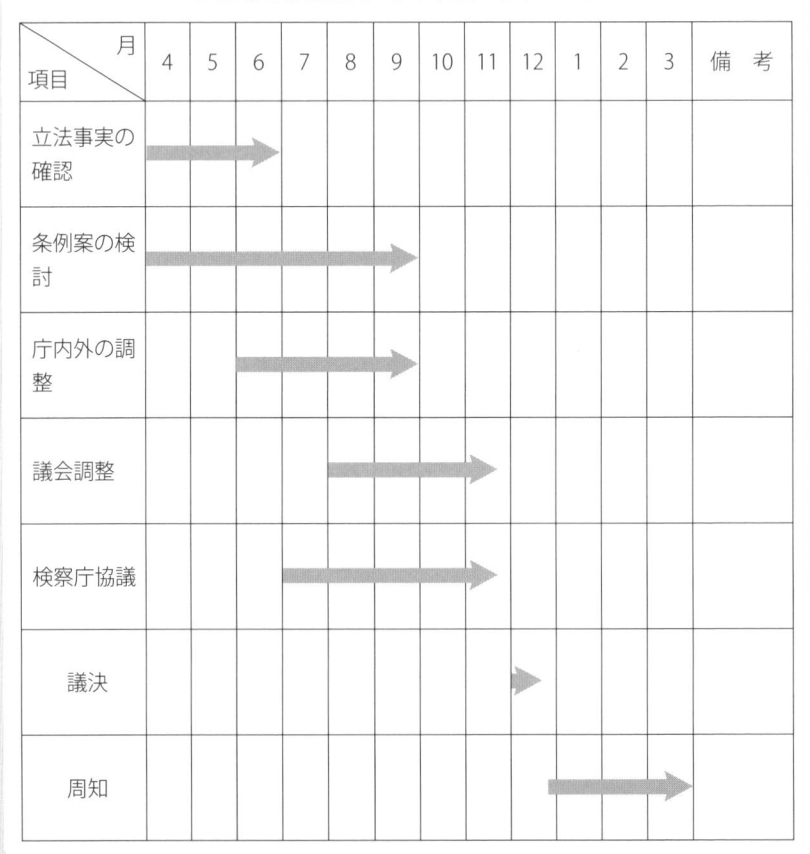

項目＼月	4	5	6	7	8	9	10	11	12	1	2	3	備　考
立法事実の確認	→	→	→										
条例案の検討		→	→	→	→	→							
庁内外の調整				→	→	→							
議会調整					→	→	→						
検察庁協議					→	→	→						
議決								→					
周知									→	→	→	→	

修正前　右肩に年度がありません。
　　　　　　いつから実施するのか（施行）が、わかりません。
　　　　　　また、再調整期間がとれていません。

⬇

空き家条例施行までの年間スケジュール

(2016年度)

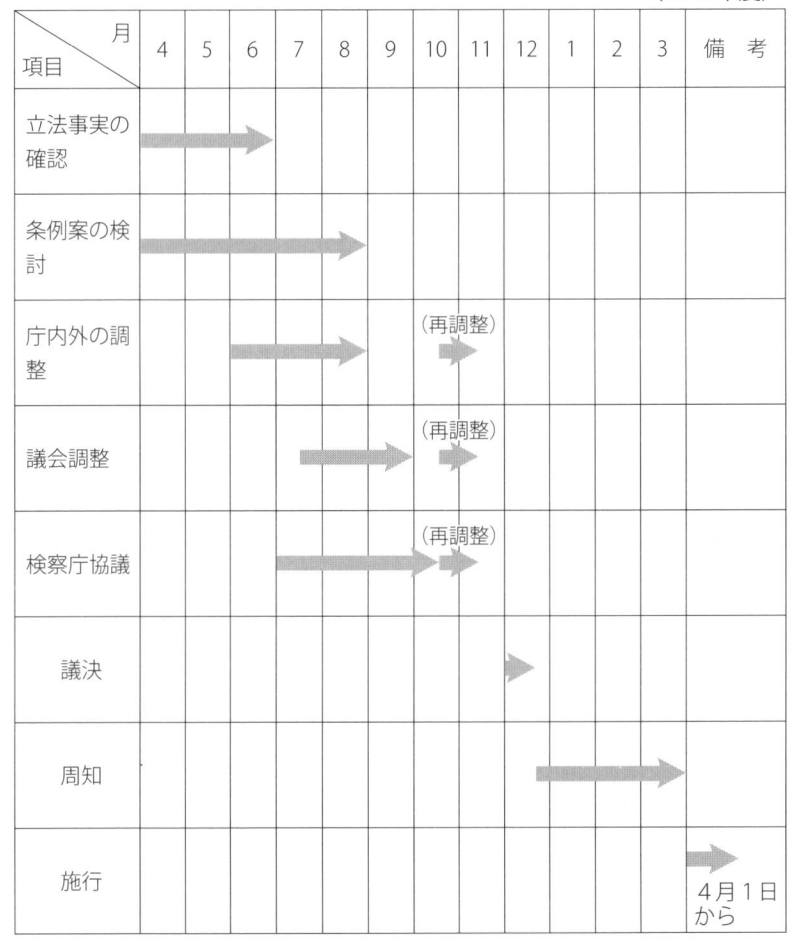

項目＼月	4	5	6	7	8	9	10	11	12	1	2	3	備考
立法事実の確認	→→→												
条例案の検討	→→→→→												
庁内外の調整			→→→			(再調整)							
議会調整				→→→		(再調整)							
検察庁協議				→→→		(再調整)							
議決								→					
周知								→→→→					
施行												→	4月1日から

修正後
何年度の計画であるかを明記しました。
実施時期（施行）を明記することで、スケジュールの全体像が見えるようになりました。
庁外調整や検察庁協議などで再調整が必要となることがあります。新規条例の制定など重要案件については、なるべく前倒しのスケジュールを組みましょう。

1-2 複数工程を同時に表現する

●**課と職員の業務管理**

　実際の組織管理、業務管理では、複数の工程を同時に表した図解により調整を行うことが必要になります。

　1つの課では、複数の職員により業務が担われます。しかしながら、職員1人ひとりが、すべての業務を単独で担うということはありません。たいていは、分業が行われています。

　そのため、職員1人ひとりの能力と、課の年間業務量、特に繁忙期と閑散期を踏まえた、業務の割り振りと進捗管理が必要になります。次頁の「○○課の年間業務予定」は、この進捗管理に大変に役立ちます。

●**課の業務分担は業務を仮割り振りした後に熟考して決める**

　「課の年間業務予定」をつくるときには、はじめに課の業務を職員に仮割り振りします。そこである業務の担当予定者（この段階では未確定）が決まります。その上で職員間の力量差や業務量などを考慮し、担当者の組み合わせを変更したり、業務を統合したり分割することもあります。

　この複数工程の作成によって、課長や係長といった管理監督者は職員の能力把握や育成目標設定、そして課の業務の詳細な目標設定、さらには課としての年間業務および職員間の業務量の平準化を図ることができます。

　業務管理の視点からは、課内の応援体制が取りやすくなります。職員にとっても、仕事がはかどり、休暇も取りやすくなることでしょう。

担当者欄と担当者の役割を明確に

○○課の年間業務予定

業務内容	担当者				月											備考
	A	B	C	D	4	5	6	7	8	9	10	11	12	1	2	3	
1	○	○															
2	○	○	○	○													
3		○	○														
4		○	○	○													

（注）アミ掛けの月は、業務「あり」を表します。

修正前 年度が示されてません。
業務内容ごとの担当者の役割が判然としません。

⬇

○○課の年間業務予定（2015年度）

◎主担当
○副担当

業務内容	担当者				月											備考
	A	B	C	D	4	5	6	7	8	9	10	11	12	1	2	3	
1	◎	○															
2	◎	○	○	○													
3		◎	○			←(市内)→			←(市外)→			←(市内)→			←(市外)→		
4		◎	○	○													

（注）アミ掛けの月は、業務「あり」を表します。

修正後 担当者欄に、「◎」「○」が入ったことで、担当者の役割が明確になりました。
業務内容の詳細が、業務内容3のように1年の内で時期により異なる場合は、⟵⟶ を加え、文字で補足説明すると効果的です。

1-3 部門間連携・調整が必要な場合のスケジュール

●大掛かりな連携・調整でも細部の詰めを怠らない

　組織・機構の見直しの場合には、実際の実施までの間に、関係部署とのさまざまな調整が必要となります。全体を束ねる企画・事務管理部局と実際の日常業務を実施している担当部局との調整、担当部局間同士での調整、議会を巻き込んでの行政組織条例等の改正や議会の委員会条例の改正が必要になる場合もあります。

　また、組織・機構の見直し内容が決定した後も、通常は、予算組み替え、電算業務の修正、机や電話の配置等、議会、法規、財政、コンピューター、管財など関係部局との調整が必要となります。

●部門間の連携は早めに予算が必要になることも

　組織・機構の見直しに対応するために、庁舎レイアウトの変更や大掛かりな引っ越しなど、場合によっては一定の予算を必要とすることもあります。詳細な年間スケジュール（特に、移行の4か月前くらいからは、日単位でのスケジュール）に基づく調整が必要になります。

●組織・機構、業務内容の変更（移行）の周知も早めに対応

　4月からの組織・機構見直しであれば、広報やホームページ、あるいはパブリシティを活用して、市民の皆さんに3月中には、お知らせすることが必要です。

　旧組織名で印刷されているような申請書や通知書などの扱いについては、細心の注意を払うようにしましょう。庁舎内にある組織の案内掲示についても、類似する課名がある場合や課名は変わらずに担当業務が他の課に移行されている場合は、特に丁寧な案内が必要になります。

関連部局、関連業者にも配慮を

「組織・機構の見直し」の関係部局等調整フロー

担当部局	4	5	6	7	8	9	10	11	12	1	2	3	備考
庁議等		方針決定		←具体案決定→					←関係法規の決定→				
企画部局			←内容調整→			←移行調整→			←関係法規の調整→				
現場部局			←内容調整→		←内容調整→		←移行調整→			←関係法規の調整→			
組織・機構見直し関係部局（注1）				←内容調整→				←議会対応→			←周知・移行準備→		
関連業者（注2）									←移行準備→				

（注1）組織・機構見直し関係部局とは、議会、法規、財政、コンピューター、管財などの部局を表します。
　　　　議事案件として議会の議決が必要な場合には、9月定例会や遅くとも12月定例会への提案を念頭においてスケジュールを組みましょう。
（注2）関連業者との調整や関連業者による作業月を表します。
（注3）網掛けは、主な連携・調整月をあらわします。
（注4）必要があれば、当初予算で引っ越し費用などの経費を計上しておくことが望ましいでしょう。

2 目標管理の表現

●目標管理の狙いとは

　政策は、現状を目標に近づける手段です。手段を講ずるためには、ヒト、モノ、カネ、情報などの資源を投入することが必要になります。

　当初の目標に対して、現在の進捗はどのくらいであるのか、進捗が遅れていれば、その理由を確認したうえで、必要な資源を重点的に投資することになります。

　そのためには、所管する業務の全体が把握できる一覧表のような資料が必要になります。

●部の運営方針と目標

　ここでは、目標管理の具体的な表現方法（可視化された管理表）として「部の運営方針と目標」の様式について見てみます。

　この様式は、「部の使命」、「部の主な業務目標」、「部の主な業務目標の内容とスケジュール」で構成されています。「部の使命」は行政組織上定められている部の所掌事項と行政組織の長である首長の意向を反映したものとなります。「部の主な業務目標」は、通常、首長が施政方針として示した施策が位置づけられることになります。「部の主な業務目標の内容とスケジュール」は、それらを具体化したものです。

　それらを踏まえつつ、部内各課の意向も汲みながら、部長が「部の運営方針と目標」（案）を作成し、最終的には部長の上司である首長や副市町村長との協議、他の部門の部長とのすり合わせを経て、庁内すべての部における「部の運営方針と目標」を決定します。

2-1 部課の目標・取組みを明示する

●「部の主な業務目標」はマルチ・フォーマット

　近年は、「部の運営方針と目標」といった、フォーマット・パターンを活用した業務管理が行われることが少なくありません。この「部の運営方針と目標」は、首長の施政方針を受け、毎年作成されます。

　各部門では、この「部の運営方針と目標」を部門における具体の工程表と結びつけることで、一目で、自分の部門における目標の進捗管理ができます。このことにより、部門長は、自分の部門内での人員配置等の流動的資源配分が可能になります。

　この「部の運営方針と目標」が、首長マニフェストを踏まえた総合計画と連動することで、首長をはじめとするトップマネジメントや企画部局は、総合計画や首長マニフェストの進捗管理を行うことができます。

●スケジュールは予定と実績の二段構成で

　このフォーマットのポイントは、何といっても各業務内容のスケジュールが予定と実績の二段になっていることです。近年このようなフォーマットはPC（パソコン）で管理することが多くなっています。予定変更があった場合は、予定変更の欄を新たに設けて予定を入れると容易に管理できるでしょう。

　実績は、業務の事後評価や次年度のスケジュール作成時の参考となります。

　また、備考を表内の記号（事例では「◎」印）と関連づけて上手に活用することで、具体的な活動が一目でわかるスケジュールとなります。

予定と実績を区分して掲載しておこう

部の主な業務目標の内容とスケジュール（一部）

業務内容	月											
	4	5	6	7	8	9	10	11	12	1	2	3
自治基本条例の運用	◎			◎			◎			◎		
第5次総合計画の策定		◎									◎	
HPのリニューアル				◎				◎				
組織機構の見直し	◎								◎			
実績考課制度の導入				◎		◎	◎			◎		

修正前 各業務内容における予定・実績の区分がありません。
実績欄がないとその後の進捗管理ができません。
備考がありません。備考欄があれば、◎の内容の説明ができます。

↓

部の運営方針と目標（2015年度）

経営企画部長　学陽太郎

1．部の使命
市長方針のもとに、全庁的な施策の調整と推進を図る。

2．部の主な業務目標
自治基本条例の運用
第5次総合計画の策定
ホームページ（HP）のリニューアル
組織機構の見直し
実績考課制度の導入

3．部の主な業務目標の内容とスケジュール

業務内容	区分	4	5	6	7	8	9	10	11	12	1	2	3	備考
自治基本条例の運用	予定	◎			◎			◎			◎			研修会 進捗管理
	実績		◎			◎					◎			
第5次総合計画の策定	予定		◎									◎		5月パブコメ 2月議決
	実績		◎									◎		
HPのリニューアル	予定		◎						◎					5月契約 11月完成
	実績			◎							◎			
組織機構の見直し	予定	◎								◎				4月方針 12月議決
	実績	◎								◎				
実績考課制度の導入	予定				◎		◎				◎			研修 翌年度導入
	実績					◎		◎			◎			

修正後 スケジュールは、今後の進捗管理にも使えるようにつくりましょう！

2-2 工程表① コンペ方式による契約締結までの工程

●日程が決まっている契約締結

　コンペ方式による契約締結までの工程のように、他の部門や委員会等の調整が必要で、与件としての日程等が決まっているような場合には、具体の年月日入りの工程表を作成し、業務の進捗管理を行うことが必要になります。

　業務完了までの期日が、間近に追っている場合には、具体の年月日入りの工程表を作成することで、詳細な日程を検討することができます。

●一覧できる用紙に具体の年月日入りで作成

　契約案件のように正確な手順が求められる業務は、曜日に加え、必要に応じて時間まで明記します。また、日程を組む際には、カレンダーで祝日など業務が行われない日を日程に入れてしまっていないか、よく確認しましょう。選挙日程にも留意しておくことが必要です。

　契約に際しては、一つの案件であっても、その都度何度も決裁手続きが必要となります。場合によっては、指名委員会が再度開かれることもあるでしょう。さらには、落札しないこともありえます。

　何事もそうですが、契約案件には特に早め早めの対応を心掛けましょう。

日程等が与件として決まっている例

コンペ方式による契約締結までの工程

5月中旬	業務委託プロポーザル実施要領・募集要領の決裁
5月16日（木）	指名委員会資料提出期限
5月23日（木）	指名委員会
5月24日（金）	被指名人選定伺の決裁 被指名人へ募集要領の発送
6月5日（水）	質疑応答〆切（午前）　※回答は6日午後
6月10日（月）	参加意思確認書提出〆切　※午後5時
6月17日（月）	企画提案書〆切　※正午まで
6月24日（月）	プレゼンテーションの開催
6月24日（月）	評価〆切
6月25日（火）	業者選定起案（審査結果通知）
6月28日（金）	契約締結伺の決裁
7月3日（水）	業務開始
翌年3月10日（月）	業務完了

2-3 工程表② 道路整備計画における工程

●道路工事の工程表

「道路工事の工程」を事例として取り上げます。工事のスケジュールを工程表としておけば、工事期間を短縮する場合など、工事期間の変更がしやすくなります。

特に、切迫した日程での工事期間短縮については、1日単位での工程表を作成することが大切です。そうすることで、残された日程と残された工事量の調整を図るための方策（例えば24時間工事の必要性、投入する機器や人員などの資源の増大による対応策）について、その必要性と具体策を可視化させることができます。

●工期が短縮することもありえる

事例の道路工事の工程では、13日かかるはずだった工期が4日短くなり9日で済むことになりました。右下の事例は、土曜日・日曜日に2日工事を行うことで、工期を4日短縮した場合です。

このほか、工期を短縮するには、24時間工事が可能な状況であれば、工期を半分から3分の1に短くすることも可能です。夜間工事ができないような状況下においては、機器や人など投入資源が確保できるのであれば、これを2倍にすることで工期を半分にすることが可能となります。

●スケジュールには工期延長要因も考慮しておく

道路工事の場合には、予期せぬ地下埋設物が出てきてしまったり雨雪など天候により工事ができないなど、工期が延びる恐れがあります。こういったことも、大事な工事であればあるほど考慮しておくことが肝要です。

道路工事は工程の変更がつきもの

道路工事の工程

当初の計画

	7/1	2	3	4	5	6	7	8	9	10	11	12	13
	木	金	土	日	月	火	水	木	金	土	日	月	火
切削	○	○											
舗装①					○	○	○						
舗装②								○	○			○	
仕上げ													○

（注）アミ掛けの日は、工事のない日を示します。

変更前 工期が13日間のとき、土曜日、日曜日に工事を実施しないと、4日間（13日間の約30%）工期が長くなります。

日程調整後の計画

	7/1	2	3	4	5	6	7	8	9	10	11	12	13
	木	金	土	日	月	火	水	木	金	土	日	月	火
切削	○	○											
舗装①			○	○	○								
舗装②						○	○	○					
仕上げ									○				

（注）アミ掛けの日は、工事のない日を示します。

変更後 土曜日、日曜日に工事をすることで、13日間の工事が、9日間の工事に短縮されます。

2-4 達成率の違いを際立たせる

●違いを際立たせるのは積み上げ棒グラフ

　職場ごとのノルマ達成ポイントなど、一本の棒に複数のデータを積み上げるような場合には、積み上げ棒グラフでの表示が適しています。

　また、棒グラフ一般にいえることですが、「棒」は太いほうが安定感があり、見やすくなります。「０（ゼロ）」は省略しないようにしましょう。

　縦軸の密度は、高密度（目盛り幅の数値を細かく設定すること）のほうがいいか、ある程度粗くてもよいのかは、グラフに求められる内容（特性）により異なります。細かい数値の比較の必要がなければ、見やすさを優先するとよいでしょう。

●小さなグラフでは高密度にしない

　小さなグラフで高密度だと、一目盛の間隔が小さくなり見にくくなります。小さなグラフを作成するときは、一目盛の間隔があまり小さくならないように縦軸は低密度（目盛り幅の数値を大きく設定すること）にします。ただし、低密度にしすぎると、グラフの数値がよくわからなくなります。見やすさを考慮しつつ、内容に見合った目盛りの取り方になるように注意しましょう。

横軸と縦軸の密度の違いに注意

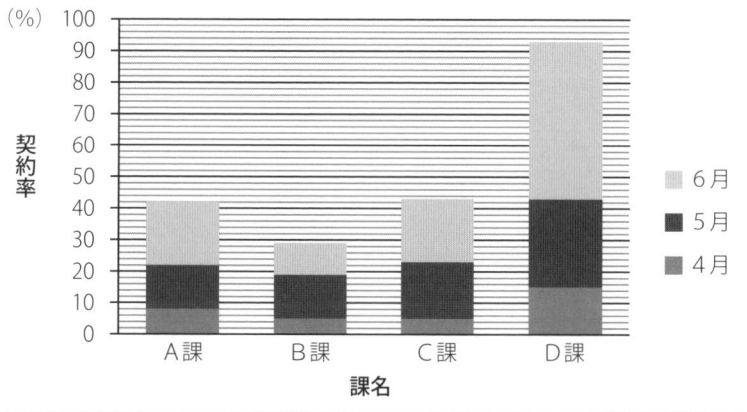

課別の契約率（第一四半期／年間）

(グラフ：A課、B課、C課、D課の契約率を4月・5月・6月で積み上げ棒グラフ表示。縦軸は0〜100%を10刻みで細かい横線入り)

修正前 縦軸が高密度のためグラフが見にくくなっています。

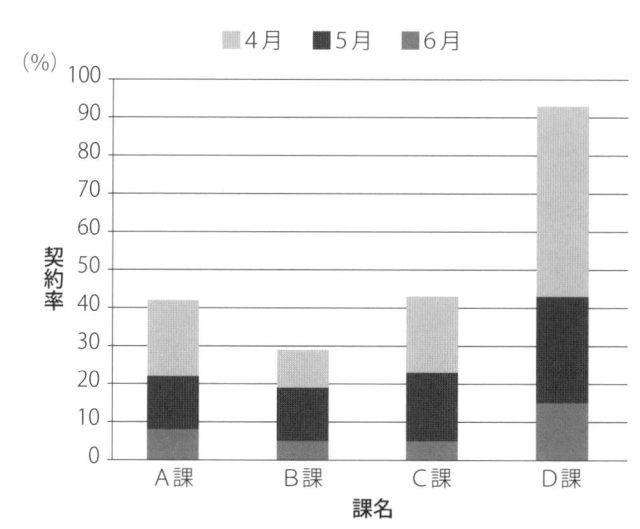

↓

課別の契約率（第一四半期／年間）

(グラフ：同じデータだが縦軸の細目盛りなし)

修正後 縦軸の区切りは、間隔がある程度あいているほうが見やすくなります。上のグラフと比べて細目盛りがないので見やすくなっています。

2-5 データ要素を比較する

　全体を100%にして構成するデータを比較するときは、「100％積み上げ横棒グラフ（帯グラフ）」を使用します。しかし、この棒グラフでは、構成データの比較はできません。構成要素の割合を見るときは、次頁の横棒グラフにするとわかりやすくなります。

帯グラフは要素の比較に意味がある

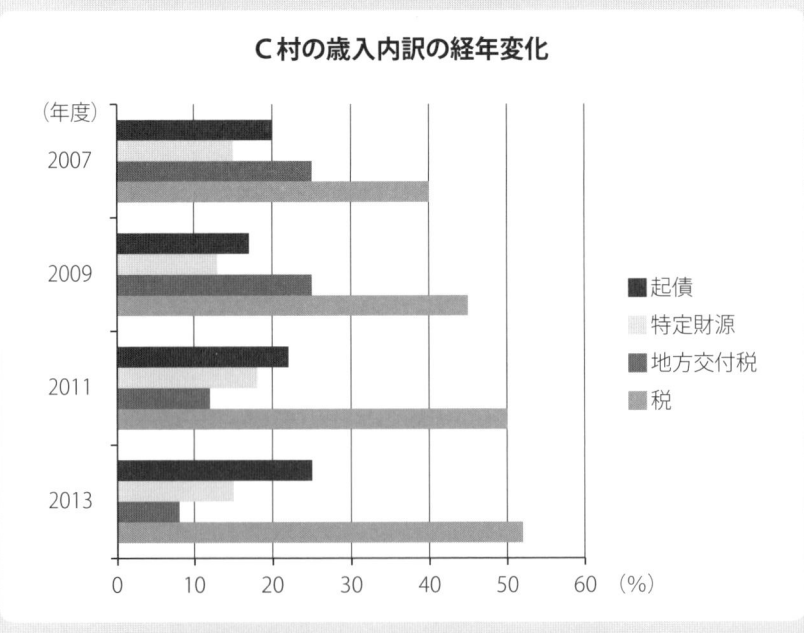

C村の歳入内訳の経年変化

（凡例：■起債　特定財源　■地方交付税　税）

横軸：0〜60（％）　縦軸（年度）：2007、2009、2011、2013

修正前　この形の棒グラフは、割合ではなく、絶対量を表すときに使用します。

C村の歳入内訳の経年変化

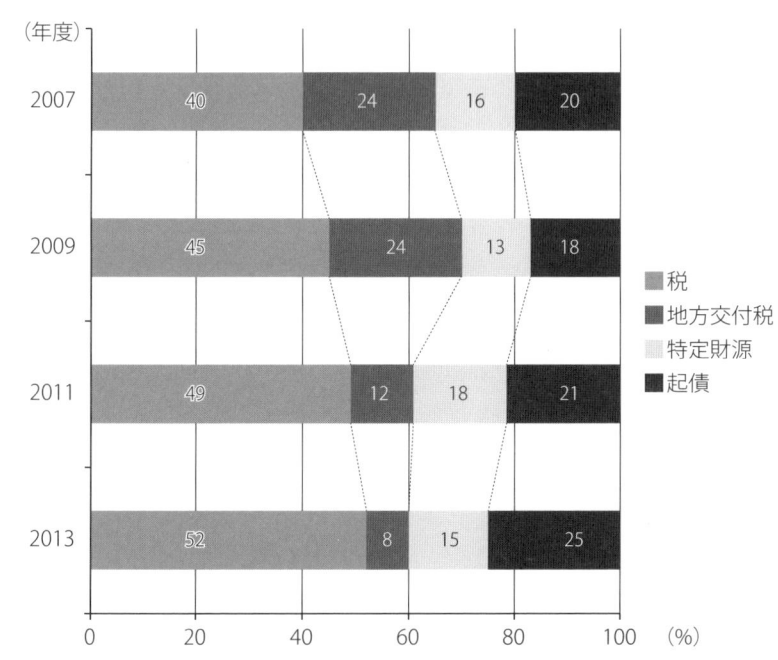

(年度)

年度	税	地方交付税	特定財源	起債
2007	40	24	16	20
2009	45	24	13	18
2011	49	12	18	21
2013	52	8	15	25

凡例：
- ■ 税
- ■ 地方交付税
- □ 特定財源
- ■ 起債

修正後　「100％積み上げ横棒グラフ（帯グラフ）」は、構成要素の割合を経年変化で把握するのに便利です。
上記のように、「100％積み上げ横棒グラフ（帯グラフ）」を使用することで、構成要素の割合の変化が一目瞭然になります。
構成割合が数字でも表わされており、データを正確に把握することができます。
なお、構成割合を単年で把握するときは、円グラフで表すこともできます。
上記事例はカラーではなくアミ濃度で割合を示しています。モノクロコピー対応になっており、グラフを大量にコピーする場合の経費削減につながります。

参考 グラフ作成のワンポイント

●データがどうグラフ化されるかを考えて入力

エクセルデータの作成にあたっては、表頭（列見出し）、表側（行見出し）、数値（セル）を、グラフ化したときに、どのように表されるのかをイメージすることが大切です。

慣れるまでは、データを少し入力した段階で、グラフ化し、データの表頭、表側、数値がどのように表現されているかを確認するとよいでしょう。

47頁の表のエクセルデータ

	4月	5月	6月
A課	8	14	20
B課	5	14	10
C課	5	18	20
D課	15	28	50

●データが膨大な場合は、入力ミスに注意

データ量が多い場合には、データ入力でミスの出る危険性が高くなります。データの2度打ちやていねいな読み合わせが必要となります。

データが大量となる場合には、あらかじめチェック・リストを作成しておき、入力データと突合させることも効果的です。

●エクセルデータ入力フロー

エクセルデータの入力は、以下のようなフローとして、まとめることができます。

エクセルデータ入力フロー

```
適したグラフを選択する
        ▼
データを入力する表を作成する
        ▼
少しデータを入力する
        ▼
入力したデータでグラフを描画しイメージを確認する
    （必要に応じて）
    グラフの変更
    入力表の表頭・表側の変更
        ▼
データの入力
        ▼
入力されたデータの正確性の検証
    （たとえば）
    データの2度打ち
    ていねいな読み合わせ
        ▼
描　画
```

●入力データ量は極力少なくする

　データ量が多いほうが、あとあとも詳細な分析ができるのはもちろんですが、膨大なデータを入力することは、限られた時間と限られた人員では制約があります。

　入力する数値の桁は、一桁の位まで必要なのか、百の位まででよいのか、万の位まででよいのか、入力するのは一日単位で必要なのか、月単位や年単位でよいのか、5年や10年単位でもよいのかなど、入力の必要なデータを最小限に絞り効率的に入力しましょう。

●データの入力は集中的に行う

　エクセルデータの入力はなるべく短期間で集中的に行います。情報量が多いときは外部に委託することで省力化できます。その場合は、情報漏洩のないよう十分な注意が必要です。

第2章のまとめ

◎一目でわかる進捗管理の図解のポイント
   1　全体像が一目でつかめる
   2　流れがつかめる

◎進捗管理に係る図解のつくり方
   1　項目は時系列に並べる
   2　変更可能なスペースをとっておく
   3　実績欄をつくっておく
   4　注は読み手の立場でていねいに書く
     （ただし、必要最小限に）

◎図解の活用例
   1　業務管理（工期短縮を含む）
   2　職場管理（目標管理など）
   3　職員管理
   4　部門間連携・調整
   5　達成率比較

第3章

日常の資料作成に必須の図解表現

1 メニュー・選択肢を示す場合の表現

　メニュー・選択肢を示す表現としては、次頁にあるように、内容を分類できるツリー型の図解（事例1）や箱型の図解（事例2）で示すのが便利です。

●全体像がすぐに把握できるツリー型図解

　ツリー型の図解を使うことで、読み手は一目で内容を把握することができます。文章の場合には、はじめから最後まで一通り読み終えないと書かれていることの全体像がつかめません。ツリー型の図解、箱型の図解ともに幹から枝へと視点を移すことで、的確にそして短時間で内容を理解することができます。枝の数が多い場合には、箱型図解を用いると省スペースの図解が作成できます。

　また、ツリー型図解や箱型図解を使うことで、施策の階層が一目瞭然となり、施策全体の中での一つひとつの施策の位置づけがわかりやすくなります。

●施策体系図はメニュー・選択肢の体系図

　事例1、事例2ともに、施策体系というメニューを示す事例ですが、どちらの施策を採用するかという意味では、選択肢を示す事例でもあります。

　事例のように□の囲みを点線に変えたり色づけしたりして、スクラップした施策（廃止した事業）を明示することもできます。全国市町村の総合計画で、スクラップした施策を明示している計画は見かけませんが、政策転換が急速に加速するこれからの地域社会にとって、スクラップした施策を総合計画において可視化することの意義は、総合計画の内容について市民の認知を得るうえで大きいと思われます。

施策や組織体系を示すのに便利（事例1）

2015年のE町子育て施策の体系は、ソフト施策とハード施策で構成されています。ソフト施策には、子育てネットワーク支援事業と子育て研究事業があります。ハード施策には、保育所整備事業と集いの広場整備事業があります。

修正前 文言の場合、頭の中で内容を構成する作業が必要となり、理解に時間がかかります。

⬇

E町子育て施策体系（2015年度）

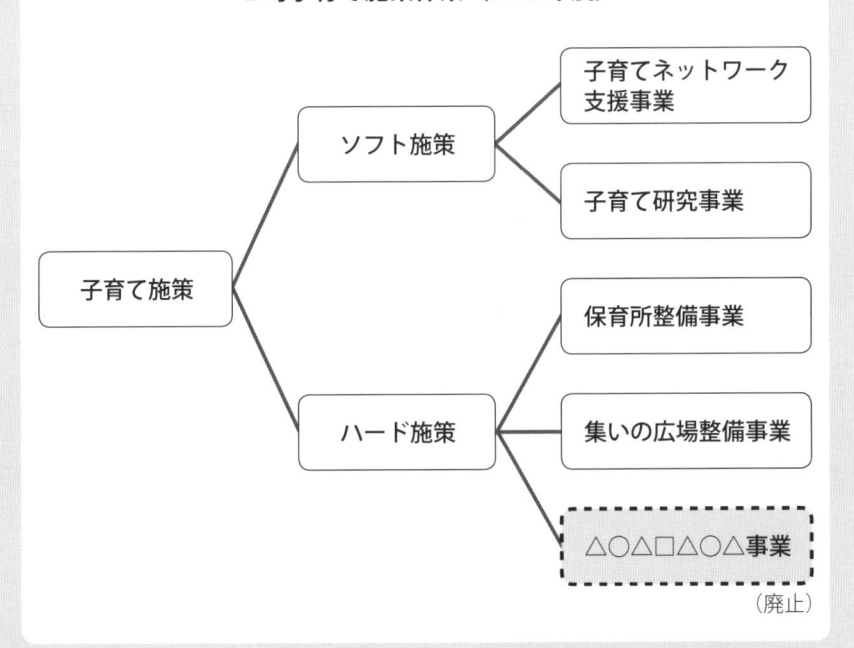

```
                    ┌─ 子育てネットワーク支援事業
         ┌─ ソフト施策 ─┤
         │          └─ 子育て研究事業
子育て施策 ─┤
         │          ┌─ 保育所整備事業
         └─ ハード施策 ─┤
                    ├─ 集いの広場整備事業
                    │
                    └─ △○△□△○△事業
                       （廃止）
```

修正後 すでに図化されているので、あらためて頭の中で内容を体系立てて構成する必要がなく、瞬時に理解することができます。なお、スクラップ施策の明示は、線を変え、アミ掛けとしました。

メニューの広がりと幅を示す場合(事例2)

　暴力を許さない社会づくり施策体系は、3つの基本目標から構成され、そのうち「Ⅰ　暴力を許さない社会づくり」は「1　市民への意識啓発と地域における理解の促進」「2　暴力防止に向けた学校教育等の推進」「3　若年層に対する予防啓発の推進」という3つの施策の方向から構成され（以下略）。

修正前　複数の階層のある内容を言葉だけで表現することは容易ではありません。

⬇

暴力を許さない社会づくり施策体系

基本目標	施策の方向	実施施策
Ⅰ　暴力を許さない社会づくり	1　市民への意識啓発と地域における理解の促進	①DV防止に係る広報・意識啓発
		②人権啓発の推進
	2　暴力防止に向けた学校教育等の推進	①人権教育の推進
		②非行防止教室の開催
		③適切な性の指導に対する指導の推進
		④教員等に対する研修
	3　若年層に対する予防啓発の推進	①デートDV防止啓発の推進
		②若年者向けの相談体制等の充実
〈略〉	〈略〉	〈略〉

修正後　箱型図解を使うと、複数の階層で構成されている文章の内容も簡潔に表すことができます。

2 相互の連携を描く

　複数の要素や主体の関係を描くときには、循環図が使われることがあります。循環する要素が２つの場合もありますし、３つ以上の場合もあります。

●循環図のつくり方

　循環図をつくるときは、はじめに関連する項目を抜き出します。そのあと、抜き出した項目を内部項目と外部項目に分けます。まとめることのできる項目は１つにまとめます。次頁の例でいうと市民・地縁組織、企業・業界団体といったものは、それぞれ市民、企業という言葉にまとめてしまいます。次に、型に落とし込みます。さらに、見出しとの兼ねあいを調整します。

●言葉が重複するときは見出し優先で

　見出しに使用する言葉と内部項目や外部項目で使用されている言葉が重複するときは、見出しにその言葉を使用し、図解中の各項目では使用しないようにします。最後に、デザイン（体裁）を修正します。

●循環図の使用でネットワークの姿がイメージできる

　循環図を使うことで、関係者が連携・協力するネットワークがイメージしやすくなります。協働、３Ｒといった概念の説明時にうってつけの表現です。

循環図作成のイメージ

関係主体の抜き出し

市民　　地縁組織　　企業　　業界団体
景観分野の団体　　景観関係分野の団体
市　　近隣市町村　　先進市町村
一部事務組合　　広域連合
県　　近隣県　　先進県
国　　世界機関
専門家　　関連分野の専門家
県内の景観団体　　全国的な景観団体

作成前 関連項目を拾い上げます。そして、関連しそうなものをまとめていきます。

F市の景観づくりネットワーク

外部団体　　　　　　　　　　外部団体
外部機関　　　　市民　　　　外部機関

　　　　専門家　　　　企業

　　　　　　市　　団体

外部団体　　　　　　　　　　外部団体
外部機関　　　　　　　　　　外部機関

作成後 矢印は時計回りにするのが自然です。フレームの最初に入れるのは市民、最後は専門家か地域政府である市町村とします。こうすることで、主権者であり、まちづくりの当事者である市民が主体的に取り組んでいる姿を示すことになります。

3 計数・統計情報を見せる場合の表現

　さまざまな統計の数値をグラフ化することで、読み手は単に数字を見ただけではわからない全体の傾向を把握することができます。

●はじめに数字の全体を見渡す

　計数・統計情報をグラフ化する場合、まずはじめに、数字全体を見わたして全体像のアウトラインを頭の中に入れます。そうすることで、異常値・特異値の把握も素早く行うことができます。

●次に関連する他の統計情報を調べる

　全体を見渡したら、これから作成するグラフの仕様・主題を考えるために、関連する計数・統計情報にはどのようなものがあるかをWEB検索などで調べます。国民生活白書や経済財政白書など国の発行する白書にも多くの統計情報が掲載されていますので、円グラフ、棒グラフ、散布図など、ベストなグラフの型を参照するのがよいでしょう。

●比較できそうな数字を確認し効果的な表示を考える

　いくつかの計数・統計情報を組み合わせることで、主題の計数・統計情報がどのようなものがベストなのかを確認します。
　最後に、どのような切り口で数字を示したら、報告するうえで一番効果的かを考えます。

3-1 項目別内訳を重視する

　いくつかある項目のうち、特に注目したい1つの項目について、さらに細分したい場合に、複数のグラフを組み合わせます。

●注目した項目に細分化するグラフを重ねる

　円グラフの「ある項目」の内訳を、さらに分割して表す場合には、右頁のように複数のグラフを組み合わせます。

　例1は、円グラフと棒グラフの組み合わせです。例2は、円グラフを2つ組み合わせた例（補助円つきグラフ）です。右側にある内訳を示すグラフを強調したい場合は、例1のように円グラフではない棒グラフとするのがよいでしょう。

　例3のように円グラフを3つ4つと重ねる場合もあります。そうすることで、1つの要素の内訳をさらに確認・把握することができます。

●作成するグラフ全体の構成をあらかじめ考える

　3つ4つとグラフを重ねるときは、あらかじめ作成するグラフの全体構成を十分に考えてからデータ入力に取り掛かりましょう。

　3つ以上のグラフを重ねるときは、同じ形式のグラフ（円グラフや帯グラフ）を使用すると見栄えよく仕上がります。また、グラフ自体の大きさを同じにすると見やすくなります（例3）。

　仮に、2つ目の円グラフ、3つ目の円グラフと段々に円の大きさを小さくしていくと、3つ目以降の円グラフはかなり小さくなってしまうので、グラフが見にくくなってしまいます。

　また、グラフごとの凡例が異なってくるので、まぎらわしい位置に凡例を置かないようにして、どのグラフの凡例か一目でわかるようにします。

複数グラフの組み合わせ例

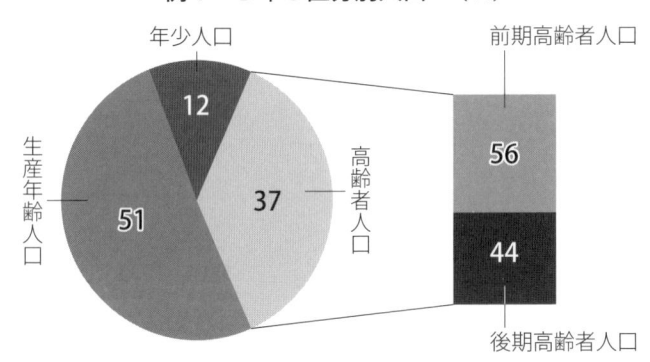

例1　D市3区分別人口　（％）

- 年少人口　12
- 高齢者人口　37
- 生産年齢人口　51
- 前期高齢者人口　56
- 後期高齢者人口　44

例2　D市20歳以上の年齢割合　（％）

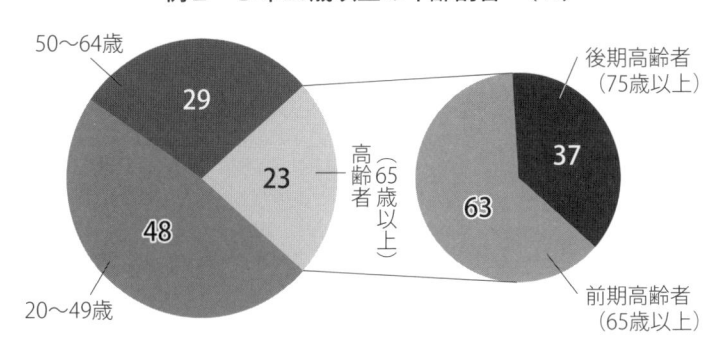

- 50〜64歳　29
- 20〜49歳　48
- 高齢者（65歳以上）　23
- 後期高齢者（75歳以上）　37
- 前期高齢者（65歳以上）　63

例3　3区分別人口割合とその内訳

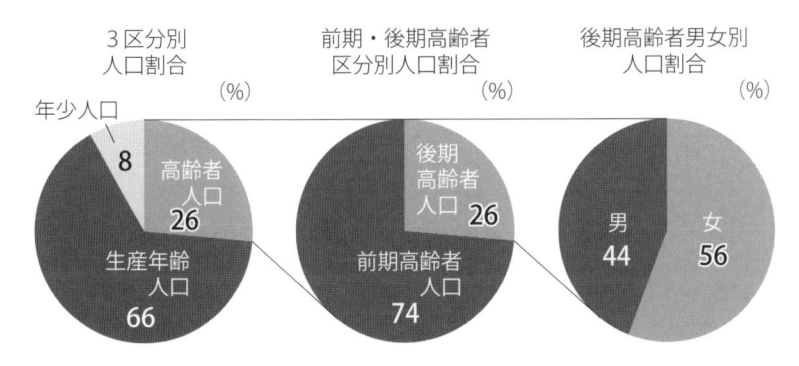

3区分別人口割合（％）
- 年少人口　8
- 高齢者人口　26
- 生産年齢人口　66

前期・後期高齢者区分別人口割合（％）
- 後期高齢者人口　26
- 前期高齢者人口　74

後期高齢者男女別人口割合（％）
- 男　44
- 女　56

第3章　日常の資料作成に必須の図解表現

3-2 項目分布の広がりを見せる

●項目分布で相関関係を示す

　項目分布（散布図）は、2つの計数の間の相関関係を見るのに使います。右頁の事例のこのグラフからA県内では、
- どのくらいの財政規模の市町村が、どのくらいの公債費比率にあるのか、
- どのくらいの公債費比率の市町村が、どのくらいの財政規模にあるのか、

ということが、確認できます。

　なお、直線近似は、グラフ作成の用途により、表示する場合と表示しない場合があります。

●相関関係が中心になるようにする

　右頁、修正前の図解では、データが散布図の上方に片寄っています。そのため財政規模の数字との関連づけがしにくくなっています。

　そこで、修正後の図解では、散布図中の相関関係が位置しないスペースは省略し、比較項目が密集するエリアを中心に据え、同時に両軸の目盛りを細かく示すようにしています。

　なお、63頁の例では表中にスペースがとれないので市町村名は示されていませんが、スペースがとれる場合には、76頁の表にあるように市町村名を示すと分布の広がりだけでなく、個々の市町村の状況も一目で把握することができます。

散布図の例

A県内の市町村の財政規模と公債費比率の関係

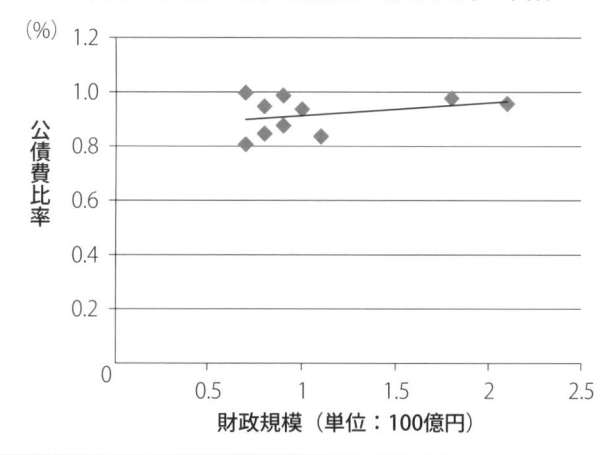

修正前 余白が多く、比較項目が上方に集中しています。

↓

A県内の市町村の財政規模と公債費比率の関係

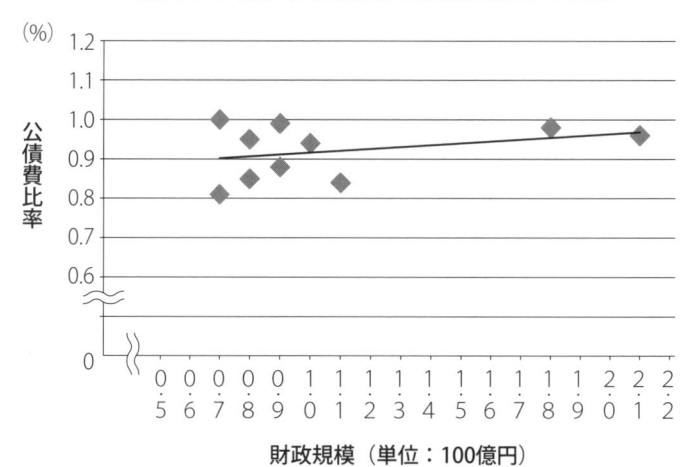

修正後 比較項目が中心になるように余白をカットし、さらに目盛りを細かく入れました。

第3章 日常の資料作成に必須の図解表現

3-3 全体規模と各項目規模を同時に見せる

●全体が減少する中での部分の増加

　公務員の数は減少してきています。しかし、適正課税のため税務行政に従事する税務職員の数は増えています。

　次頁では、税務職員の数自体を強調する棒グラフを使用しています。

　ここで棒グラフを用いることで、税務職員の実数とその増加をグラフからも把握することができます。

　事例では、2013年と2017年で、それぞれ対比する数字をフォントを変えて強調しています。強調したい箇所は、このようにフォントの種類・大きさ・色をうまく変えて際立たせるとよいでしょう。

●構成比の変化だけを比べたいときのグラフ

　2013年と2017年の各年の職員全体数に対する税務職員の比率を示したいときは、下のような帯グラフや円グラフを使います。これで職員全体数に占める税務職員の占める割合の変化をわかりやすく表示することができます。

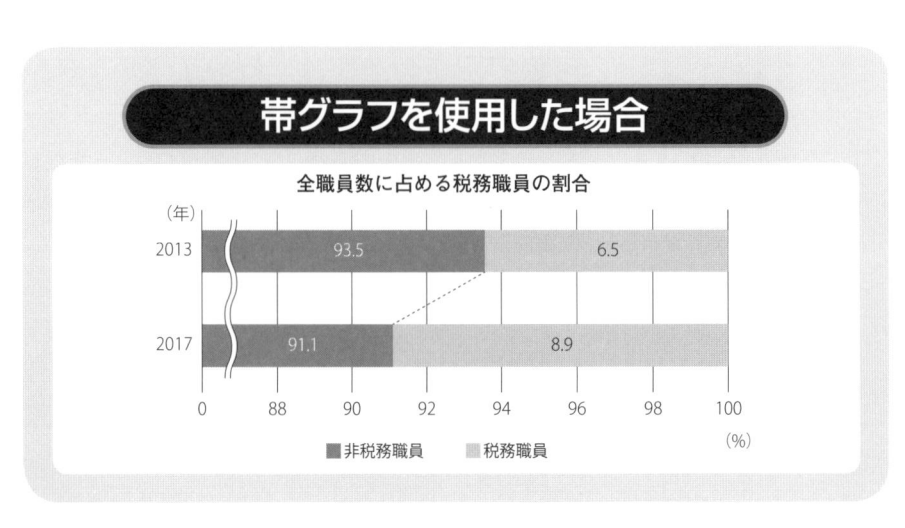

帯グラフを使用した場合

全職員数に占める税務職員の割合

年	非税務職員	税務職員
2013	93.5	6.5
2017	91.1	8.9

(%)

割合変化を実数で強調したいとき

A市における税務職員数の推移

（2013年→2017年）

（人）

	職員数	税務職員数
2013年	1,000	65
2017年	900	80

修正前 この表では、税務職員のニーズ増が平面的にしか見えません。

A市における税務職員数の推移

A市職員数
（1,000人）

内訳

A市職員数
（900人）

65人 ……税務職員

80人 ……税務職員

2013年

2017年

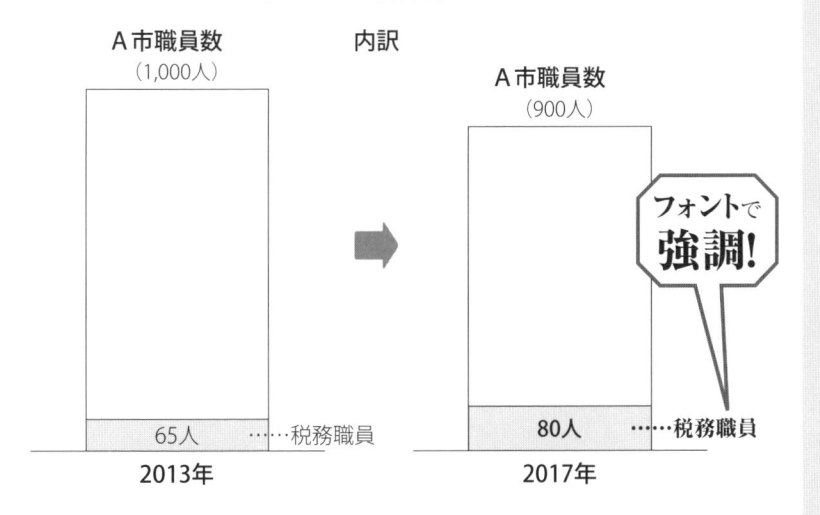

フォントで**強調！**

修正後 職員総数の減少と税務職員数の増加を棒グラフで見えるように強調しています。このような図のほうが表に比べて、フォントを変えたり、コメントを入れたりしても違和感はありません。

3-4 時系列の推移を表現する

　2つ以上の項目について、時系列の推移を表すのには、折れ線グラフが適しています。右の事例は、年々、自治体の財政状況が厳しくなり、義務的経費の割合が高く、投資的経費の割合が低く抑えられてきている状況を示しています。

●折れ線グラフで割合を時系列で表すこともできる

　折れ線グラフは、実数を表すこともできるし、構成割合や何かの指数を表すこともできます。

　また、実数を棒グラフで表し、割合を折れ線グラフで表すこともできます（75頁参照）。このように、折れ線グラフは使い勝手のよい便利なグラフです。

　なお、実数ではなく、構成比の変化を経年で比較する場合には、折れ線グラフだけでなく、帯グラフを経年で重ねてみても把握することができます（49頁参照）。

●折れ線グラフ作成のポイント

　折れ線グラフは点や線の扱い次第で、わかりやすくもわかりにくくもなります。とくに次の点に気をつけましょう。

- 強調したい内容については文字で補強する。
- 点は、△、▼、□、×などで変化をつける。
- 線は、破線、鎖線、さらには太さで変化をつける。
- 単位が異なるときは、2軸を使う。
- 線種の項目見出しをわかりやすい位置に置く。

折れ線グラフは便利で用途も多彩

G町の財政力指数と経常収支比率の推移（2001年～2026年）

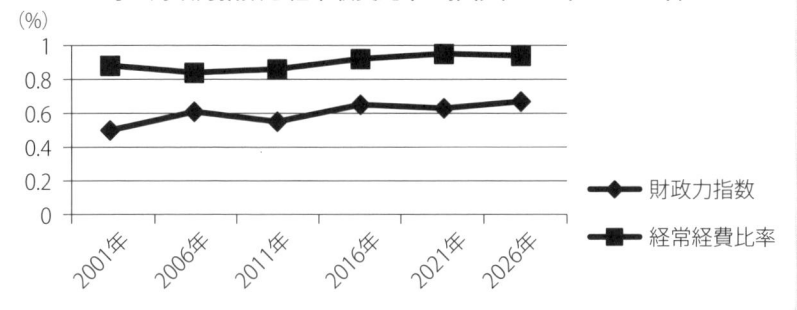

修正前 事例では、2011年までの数字が実数値です。2016年以降の数字については推計値であることが明示されていません。どちらの折れ線も同じ黒線で違いがはっきりしません。

G町の財政力指数と経常収支比率の推移（2001年～2026年）

経常収支比率高止まり（財政硬直化）

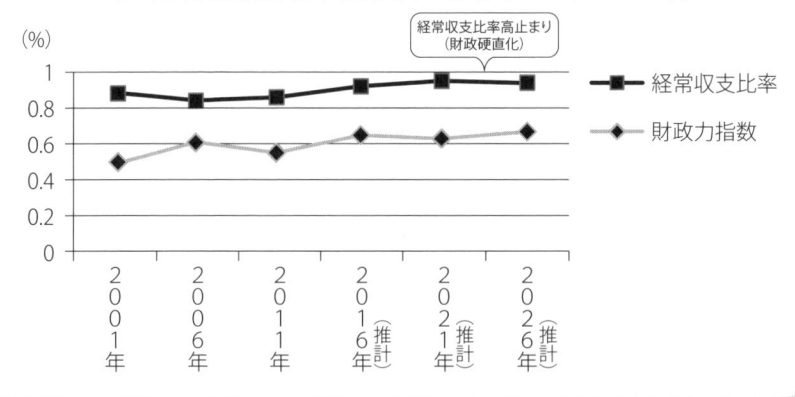

修正後 点に△、▼、□、×などの変化をつけること、線に濃淡をつけたり線の太さを変えたりすることで、カラーではないモノクロコピーでも十分に種別の判断をつけることができます。このことにより、コピー代の経費削減になります。2016年以降の数字については、推計値であることを明示したので、縦に並べました。

第3章　日常の資料作成に必須の図解表現

4 複数の要素をまとめて描く場合の表現

　資源や財源、人員、そして能力評価など複雑な要素を１つの図解に収めるには、あまり細かい数値を入れるよりもポンチ絵（事業等の概略を簡単に示した図）にしてまとめたほうが効果的な場合もあります。

●多数の要素をまとめるにはポンチ絵が便利

　政策を実現するためには、ヒト・モノ・カネ・情報などの資源を投入することが必要になります。そのとき、投入された資源が効果的に機能するか否かは、地域の環境に左右されます。次頁にはそのようなイメージとなるように図解しています。

●関連するものは枠でくくる

　次頁の例では、政策実現のために投入されるヒト・モノ・カネ・情報は資源の枠に関連づけて入れています（くくっています）。こうすることで資源の投入が政策実現につながっていくことをシンプルに表すことができます。

●文字情報を入れたいときは図の外に入れる

　図解を丁寧に説明しようと文字情報を図中に目いっぱい入れている図も散見しますが、それでは図解のメリットを半減させることにもなりかねません。どうしても説明が必要という場合は、図の外に入れましょう。

　その際には、図との関連を「※」や「注」等で示すようにします。そうすることで一体感を維持することができます。

ポンチ絵を使った例

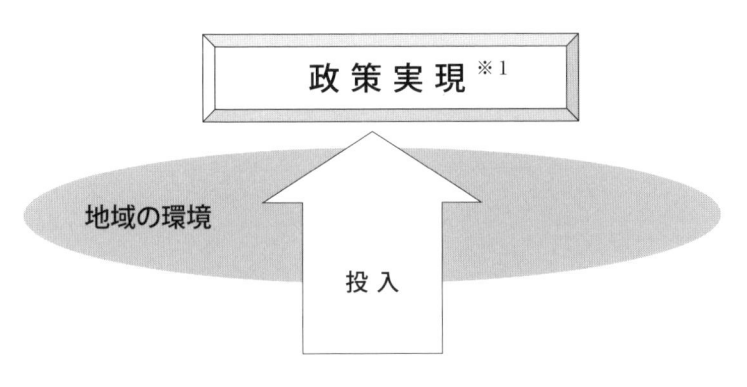

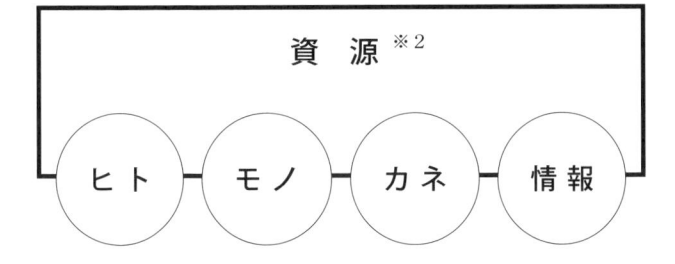

政策実現^{※1}

地域の環境

投 入

資　源^{※2}

ヒト　モノ　カネ　情報

※1　政策実現のために
　政策が実現するためには、政策を実現するための制度があるかどうか、制度がなければ制度をつくれるかもポイントになります。

※2　資源
　政策実現のために投入されるヒト・モノ・カネ・情報という資源には、ネットワークが大切です。
　とくに、ヒューマンネットワークとも呼ばれるヒトのさまざまなネットワークは、政策実現に大きな影響を与えることがあります。

4-1 項目数で図解を変える

●項目数で使えるグラフが変わる

　項目数が多くなることにより、見やすいグラフが見にくいグラフになることがあります。

　項目数が多くても見やすさを維持できるグラフの型は、25頁に示した型の中では、テーブル型、ツリー型、蜂の巣型、サイクル型、マトリクス型があります。逆に項目数が増えることで見やすさを維持できないグラフ型としては、ピラミッド型、ドーナツ型があります。

　次頁の例2は能力考課についてのレーダーチャートですが、能力考課を図解する場合、評価項目が5～6つであれば、レーダーチャートが見やすいでしょう。それ以上の項目数がある場合は、マトリクス表など別のグラフを使用します。

●読み手に強い印象を与えるレーダーチャート

　例1に示した比較評価表は、評価項目が多い場合には整理しやすく便利ですが、例2に示したレーダーチャートに比べて印象が薄くなります。

　一方、レーダーチャートは、比較評価法に比べて印象が強くなるだけでなく、各評価項目についての評価結果を一目で把握することができます。レーダーチャートを作成するときは、はじめに最大となる（可能性のある）評価点を考えて描画のイメージを持ちながらエクセルデータを作成するとよいでしょう。

　描画にあたっては、目盛線の密度に注意しましょう。例2は、目盛線を2、4、6と2間隔で作成しています。目盛線は、目盛り幅の数値が大きすぎも細かすぎても見にくいレーダーチャートになってしまいます。

項目数が多い場合の評価事例

例1　比較評価表

項目名	評価点				
	5	4	3	2	1
A		■			
B		■			
C			■		
D	■				
E		■			
F			■		
G			■		
H				■	
I			■		
J			■		
平均			3.4		

比較項目が多い場合には、このようなマトリクス表を使用します。

例2　レーダーチャートの例

能力考課（平均：3.4）

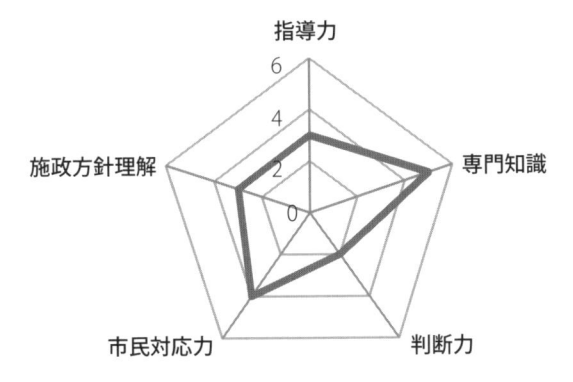

（指導力、専門知識、判断力、市民対応力、施政方針理解の5項目によるレーダーチャート）

総合評価を一目で示すには、このレーダーチャートが優れています。

4-2 突出したデータは二重波線で工夫

　実際にグラフを作成する場合、突出したデータ（数字）がある場合には、仮の数字を入れてグラフを作成したあとに、目盛りに正しい数字を入れたり、グラフに波線を入れて、図表を完成させることもあります。

●**突出した数値は描画のあとにグラフの目盛りを変更する**

　データに突出した数値があるときは、描画したあとにグラフの目盛りを変更します。そして、変更した目盛りと変更していない目盛りの間に二重波線を入れて、目盛りの間隔が実際には異なっていることを明示します。

　次頁の例であれば、4月の転入者数が突出して多いので、はじめに100人少ない数のデータで、グラフを作成します。この後、縦軸140と160の数字を正しい数字である240と260に変更します。そして、データ上の100と240の間（120のあたり）に二重波線を入れます。

●**突出したデータに関連した見出しやコメントを付ける**

　突出したデータは、主題に関連する計数・統計情報のポイントとなる場合があります。その場合は、突出したデータに関連した見出しを付けたり、コメントを入れるなどして、グラフを仕上げます。

●**折れ線グラフの線の線種を変える**

　事例では、線種を変更し、モノクロコピー対応としています。

　エクセルデータをそのまま使用する場合などカラー表示のため、そのまま使うとモノクロでは見にくいこともあります。また、破線を使用するときは、破線が混同しないように、線種は明確に違うものを選びます。

高低の高さを調整する場合

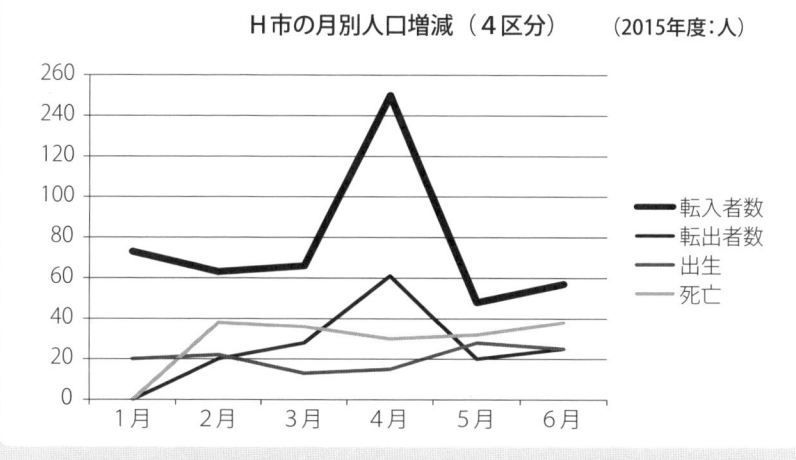

H市の月別人口増減（4区分） （2015年度：人）

（グラフ：転入者数、転出者数、出生、死亡）

修正前 各線の濃淡がはっきりとしていないので、線種を読み間違える恐れがあります。
左上の目盛りが120から240へと何ら前提なく飛び越えています。

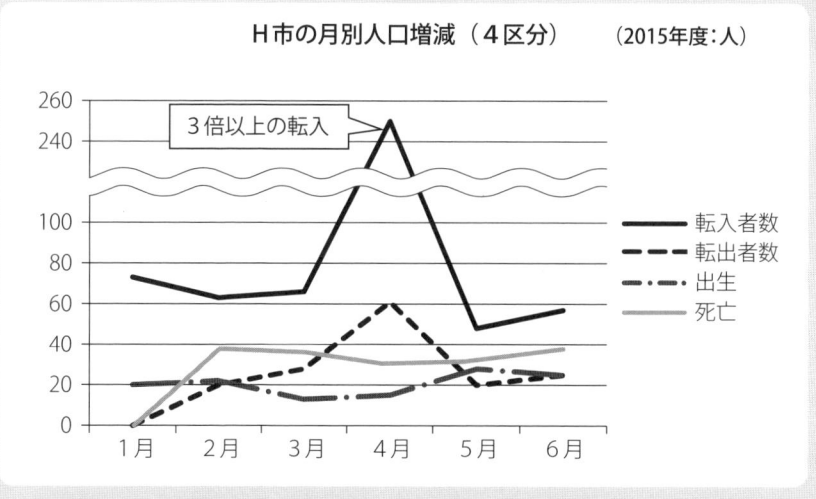

↓

H市の月別人口増減（4区分） （2015年度：人）

3倍以上の転入

（グラフ：転入者数、転出者数、出生、死亡）

修正後 年度替わりの新築マンション入居に伴う転入で、人口が大幅増であることが強調されています。

4-3 複数の指数を比較する

　3種程度のデータであれば、折れ線グラフよりも棒グラフのほうがわかりやすい場合もあります。

●数値の値が共通している場合
　事例は、I市における正職員、臨時職員（第一種）、臨時職員（第二種）の数の変化を棒グラフで表したものです。この事例では、縦軸の目盛りが3種の職員数すべてに当てはまります。

●比較データが複数あるときはグラフの組み合わせも検討
　比較するデータが複数あるときは、棒グラフや折れ線グラフを組み合わせて描画するとわかりやすくなります。

棒グラフでもわかりやすい場合

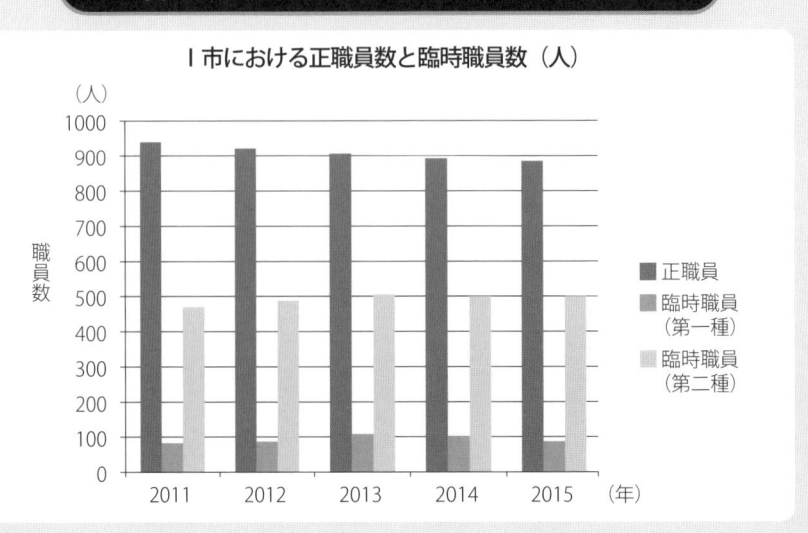

I市における正職員数と臨時職員数（人）

2つのグラフを使う

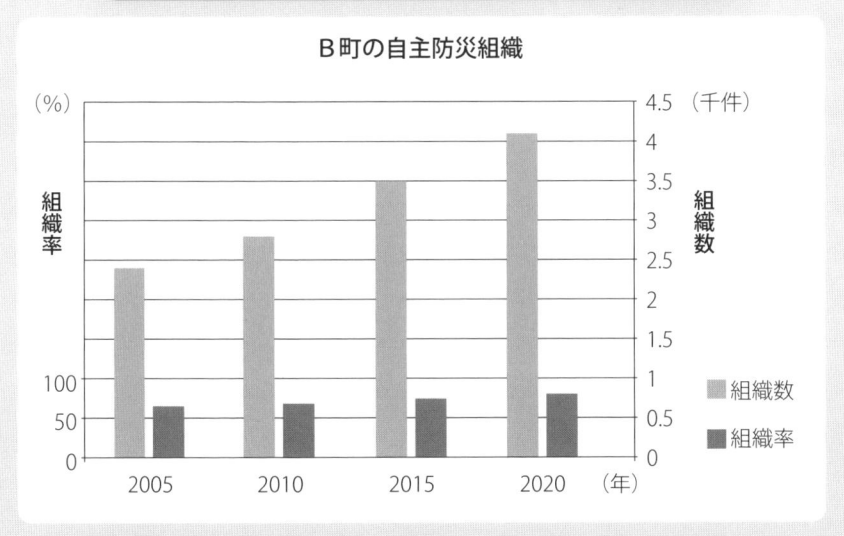

B町の自主防災組織

修正前 高さが大きく異なるグラフは見にくくなります。そのような場合には、異なるグラフを使ってみましょう。

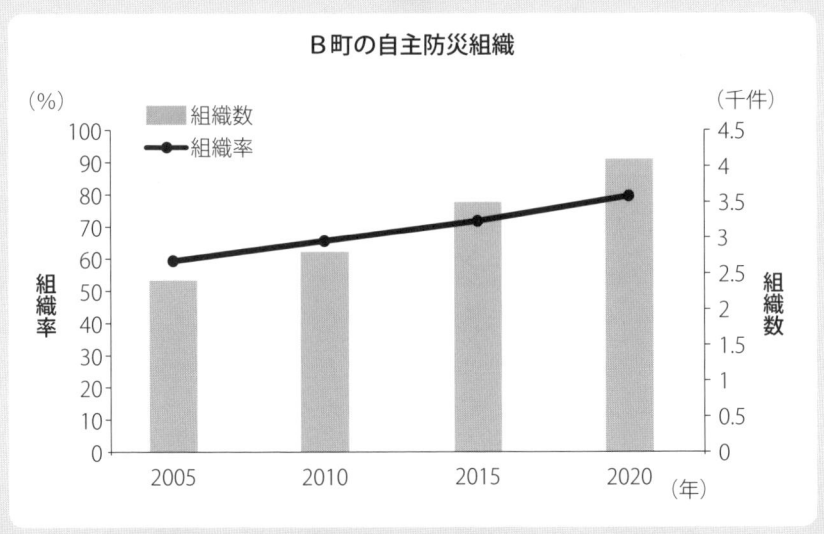

⬇

B町の自主防災組織

修正後 2つの要素を混同なく収めることができます。組織率が見やすくなっています。

5 分布図・各層比較を描く場合の表現

分布図を使うことで、複雑な内容のデータが可視化され、わかりやすく表現することができます。

●規模と指数、団体数を表す分布図

分布図を用いると、たとえば、人口規模と財政力指数、人口規模と高齢化率など、規模と指数の関連を持つ団体が、どのくらいの数、どの位置に分布するのかということが一目でわかります。

●指数が最大、最小の団体の位置もわかる

さらに分布図から、対象となる団体数が、主題の指数上どのあたりに多く位置しているのか、指数が最大、最小の団体がどこに位置しているのかを把握することができます。

分布図の使用例

F県北東部地域7市町の人口規模別の前年度比職員減少率 (2015年度)

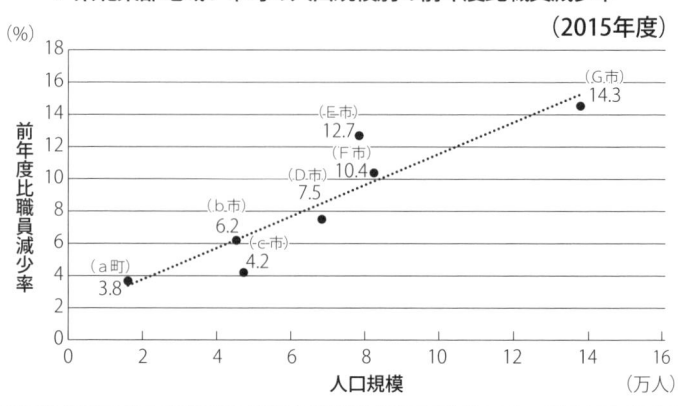

団体	人口規模(万人)	前年度比職員減少率(%)
a町	約1.5	3.8
b市	約4.5	6.2
c市	約4.5	4.2
D市	約7	7.5
E市	約7.5	12.7
F市	約8	10.4
G市	約14	14.3

76

各層の重なりを示す

各層の重なりを示す場合、ベン図を用いることがあります。
ベン図には、下記のような、さまざまな種類があります。

ベン図の種類（例）

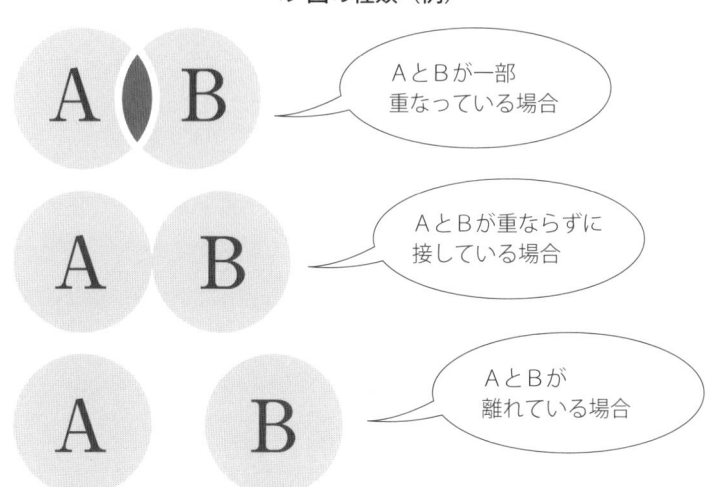

A B　　AとBが一部重なっている場合

A B　　AとBが重ならずに接している場合

A B　　AとBが離れている場合

1つの円の中に、幾重もの階層をベン図で表すこともできます。

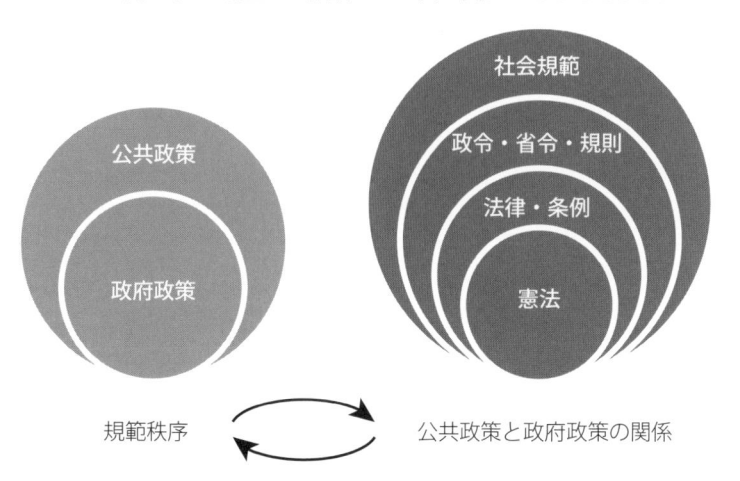

公共政策
政府政策

社会規範
政令・省令・規則
法律・条例
憲法

規範秩序　⇄　公共政策と政府政策の関係

5-1 ポジティブ表現とネガティブ表現

　あまり知られていませんが、右回りの図解は、好ましい、積極的、発展的、ポジティブな印象を与えます。一方、左回りの図解は、好ましくない、消極的、ネガティブな印象を与えることになります。
　事例1の図解は、右回りの人材育成の図解です。事例2の図解は、左回りの気温上昇の悪循環の図解です。

●**時計回り**
　多くの人は、時計をはじめ、右回りに慣れているのではないでしょうか。円を書くときも右回りに書くことが多いと思います。この右回りの慣れが、右回りに好印象をもたらしているといえそうです。

●**逆・時計回り**
　左回りには、何か引っかかる印象をもつのではないでしょうか。時計回りと比べて逆・時計回りは慣れていないからなのかもしれません。
　逆・時計回りの図解を描く場合には、矢印の向きが通常の図解（時計回り）とは異なっていることを強調するために、事例2に示したように循環方向を示す太めの矢印（⬅）を明記することも効果的です。

右回りと左回りで心証がかわる

事例1　循環の図解

人材育成の循環

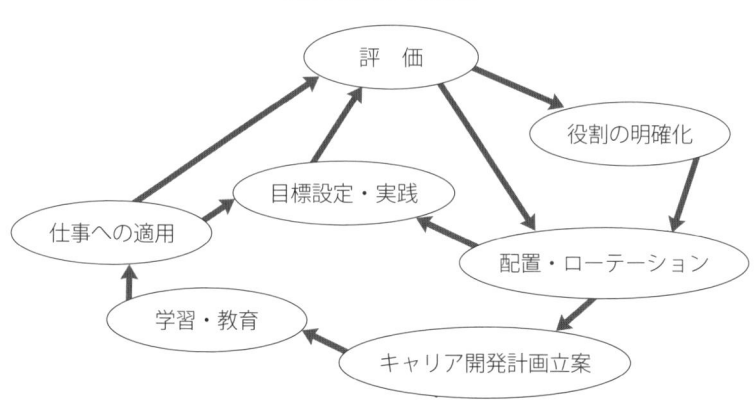

```
         評　価
        ↗  ↑  ↘
       ↑   |   役割の明確化
  仕事への適用  目標設定・実践  ↓
       ↑       ↓   配置・ローテーション
      学習・教育 ← キャリア開発計画立案
```

右回りの図解

好ましい、積極的、発展的、ポジティブな印象を与えます。
右回りの図解は、好循環ということもあり勢いがあります。

事例2　ネガティブな循環の図解

気温上昇の悪循環

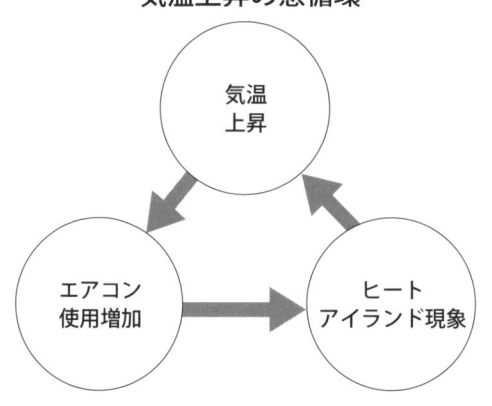

```
        気温上昇
       ↙      ↖
  エアコン → ヒート
  使用増加   アイランド現象
```

左回りの図解

好ましくない、消極的、ネガティブな印象を与えます。

第3章　日常の資料作成に必須の図解表現

5-2 SWOT法を用いる

　SWOT法は、目標を達成するために組織や個人が使用する経営戦略の手法です。

●SWOT分析で地域や自治体の現状を把握
　SWOT法は、次頁のように4つのワクに区切られたボックスを活用します。そして、内部環境を強み（strength）と弱み（weakness）、外部環境を機会（opportunity）と脅威（threat）で表わします。
　事例1は、J市のまちづくりを行うためのSWOT分析（現状）です。内部環境には、強みというプラス面と弱みというマイナス面があります。外部環境には、機会というプラス面と脅威というマイナス面があります。事例2（戦略）は、事例1に示した分析（現状）を踏まえながら、積極的戦略、差別化戦略、段階的戦略、専守防衛・撤退戦略という4つの戦略を示しています。

●現状から戦略へ
　事例1の表と事例2の表は、2つの表が一体として機能することでJ市の戦略づくりに寄与しています。はじめから答えを出す（ここでの事例は、戦略をつくること）のは難しいものですが、図解を組み合わせ活用することで答えを出しやすくします。

SWOT分析のさまざま

事例1　J市のまちづくりのためのSWOT分析（現状）

	プラス面	マイナス面
内部環境	〈強み〉 広大な河川敷がある 公共交通機関が発達している 野菜づくりが盛んである 平坦である	〈弱み〉 知名度が低い 高齢化が進んでいる 観光資源がない 地元商店街が低調である
外部環境	〈機会〉 外部資本による大型店が出店した 鉄道新線が開業した	〈脅威〉 近隣市大型店が立地した 昼間人口が少ない 都市間競争が激しくなっている

〈補足〉

●ブレーンストーミング（BS）やKJ法を活用

　SWOT分析をするときには、ブレーンストーミング（BS）やKJ法を活用すると作業が円滑に進みます。大きく書いたSWOT分析のフォーマットに付箋紙を張り付けていきましょう。

　ある程度作業が進んだら、内容を精査してまとめていくことができます。

●戦略づくりの心得

　戦略づくりにおいても、参加者全員が、自分の意見を他の参加者に気兼ねなく発表できるようにすることが大切です。

　そのためには、アイス・ブレイク（グループワークの際、氷のように固まった雰囲気を和やかにして、参加者のコミュニケーションを促すこと）を十分に行うとともに、意見を出すときは、付箋紙を使いながら、全員が順番に、1人1つずつの意見を出し合うようにしましょう。

　そうすることで、声の大きな特定の人だけが発言し、他の参加者の不満がつのるということはなくなります。

事例2　J市のまちづくりのためのSWOT分析（戦略）

内部環境 ＼ 外部環境	機 会	脅 威
	外部資本による大型店が出店した 鉄道新線が開業した	近隣市大型店が立地した 昼間人口が少ない 都市間競争が激しくなっている
強 み	戦略①⇒積極的戦略	戦略②⇒差別化戦略
広大な河川敷がある 公共交通機関が発達している 野菜づくりが盛んである 平坦である	J市のブランドづくり	創作料理の開発 ・産業間の連携 ・生産者・消費者間の連携
弱 み	戦略③⇒段階的戦略	戦略④⇒専守防衛・撤退戦略
知名度が低い 高齢化が進んでいる 観光資源がない 地元商店街が低調である	J市の知名度アップ ・イベント開催 ・積極的パブリシティ	地元商店街への支援

●仕上げは、戦略づくり

　SWOT法では現状を把握した後に戦略を立てます。

　戦略は、次の4つです。

　　　戦略①＝強み×機会の積極的戦略

　　　戦略②＝強み×脅威の差別化戦略

　　　戦略③＝弱み×機会の段階的戦略

　　　戦略④＝弱み×脅威の専守防衛・撤退戦略

その具体列が、事例2です。

5-3 ニーズの重要度・緊急度を描く

　総合計画のニーズ調査などでは、市の施策について、市民が、どんな施策を重要と考え、どんな施策に緊急性が高いと考えているのかをマトリクスで表す場合があります。

●作成の手順

　マトリクスの作成にあたっては、はじめにどのような施策について市民の意見を確認するかの抽出を行います。次に、重要度と満足度について10点法や5点法で市民が評価します。その上で、施策ごとの重要度と満足度の平均値を算出し、図に落とし込みます。

●作成のポイント

　少数の施策である場合は、4つのいずれかの位置に施策名を記入すると、わかりやすい表となります。重要度や満足度をマトリックスの目盛りとして数字を入れて描画できるときは、図表が混み入りすぎて見にくくならないようであれば、なるべく正確な位置にポイントを示すようにしましょう。

　施策数が多いときは、次頁に示すように施策名をマトリクスの中には入れず、マトリクスの各ボックスに番号（記号）をつけ、下段に各ボックスに入る施策一覧をつける方法があります。ただし、この方法をとると、各施策ごとの重要度や満足度の程度や両者の相関がみえなくなります。施策数により使いわけましょう。

基本計画をマトリクスで表現した場合

前期基本計画の20施策の満足度と重要度の関係

①満足度が高く重要度が低い施策	②満足度が高く重要度も高い施策
③満足度が低く重要度も低い施策	④満足度が低く重要度が高い施策

（縦軸：重要度平均、横軸：満足度平均）

　基本計画に位置づけられる施策は、上記①〜④のカテゴリーに分類することができます。
　カテゴリーの中に施策名を入れて表記するか、上記のようにカテゴリーには、番号を振り、下段に番号に対応する施策名を表記することもできます。

① 施策A　施策B　施策j　施策M　施策N　施策R
② 施策D　施策G　施策L　施策H
③ 施策C　施策F　施策I　施策O
④ 施策E　施策K　施策P　施策Q　施策S　施策T

第3章のまとめ

◎図解のさまざまな表現
　・メニュー・選択肢を示す
　・相互の連携を描く
　・計数・統計情報を見せる
　・資源・財源・人員等を描く
　・分布図・各層比較を描く

◎見やすい図解のために
　・単純化してシンプルにする
　・アクティブな表現は右回りの図解
　・ネガティブな表現は左回りの図解
　・項目数で図解を変える

◎図解で全体調整
　・図解で、全体像を把握し、投入資源（配分）を決める
　・図解で、スケジュール、調整ステップ、相互連携、傾向、変化を確認する

第4章

「デザイン」改良の基本

1 情報を絞り余白を活用する

● **情報は極力絞る**

　読み手にとって、1つの頁に多くの情報が入っていると、それだけで、その頁を読む気持ちが薄れてしまいます。

　できることなら、1つひとつ文字を追って読まなくとも、その頁を見ただけで、その頁に書かれている内容が把握できるように、わかりやすく大きな文字で表現されていることが望まれます。

　個人差もありますが、人は50代に入ると老眼で、細かい文字が判別しにくくなります。眼鏡を使用しても小さな文字を読むのは疲れます。小さな文字の文章は、たとえ内容がよくても読まれない可能性が高まります。

　そのようなことも考慮して思い切って情報量を絞り、その分、文字を大きくしましょう。

● **余白を活用する**

　紙面いっぱいに文字のつまったレイアウトは、読み手に圧迫感を与えます。そこで、十分余白をつくり、圧迫感をぬぐい去りましょう。

　また、その頁に書かれている内容がいくつかあるようであれば、余白を活用して、その内容をまとめて（ブロック化して）記載しましょう。

　余白のある頁は、読み手に信頼感を与えてくれます。

〈余白の効用〉

・頁内に複数の内容がある場合、その内容を上手に区分してくれる。
・余白と文字組の対比が明確になるので、読み手が、関心のある内容に、スムーズにアクセスすることができる。

余白をつくるために情報は絞る

（10.5ポイント）

　1つの頁に多くの情報が入っていると、それだけでその頁を読む気持ちが薄れてしまいます。

　できることなら、1つひとつ文字を追って読まなくとも、その頁を見ただけで、その頁に書かれている内容が把握できるように、大きな文字で表現されていることが望まれます。

　個人差もありますが、人は50代に入ると老眼で、細かい文字が判別しにくくなります。眼鏡を使用しても小さな文字を読むことは疲れます。

　小さな文字の文章は、たとえ内容がよくても読まれない可能性が高まります。

　情報量を絞り、その分、文字を大きくしましょう。

前頁の文章の情報量を絞り文字を大きくした例
（12ポイント）

　1つの頁に多くの情報が入っていると、それだけでその頁を読む気持ちが薄れてしまいます。

　できることなら、1つひとつ文字を追って読まなくとも、その頁を見ただけで、その頁に書かれている内容が把握できるように、大きな文字で表現されていることが望まれます。

　情報量を絞り、その分、文字を大きくしましょう。

2 強調表現の多用は避ける

●強調表現の使い過ぎは逆効果

アンダーラインや太字、罫線、斜体文字などによる強調は、絞り込んで使うことが大切です。絞り込んで使うからこそ、強調効果を上げることができます。くれぐれも多用しすぎないようにしましょう。

カラーの場合は、色づかいも統一感のあるものを心掛け、使用色は絞り込みましょう。

●単位の表記は統一する

重さや距離、容積等の単位を用いる場合には、同じ表記方法を用いるようにしましょう。異なる表記を用いると、資料の作成側も、読み手側もともに間違いをおこす原因となります。

〈異なる表記の例〉キログラムとkg、平方メートルとm^2、メートルとm、センチとcm

●ユニバーサル・デザインに心掛ける

ユニバーサル・デザイン（UD）とは、「ユニバーサル＝普遍的」という言葉が示すように、「すべての人のデザイン」を意味しています。いまや自治体の施策も、すべての人に適した施策であることが求められています。

たとえば、道路整備であれば、なるべく平坦な道路とする。歩道や歩行者ゾーンを設ける。広い歩道があれば、高木の植栽やベンチなどのストリート・ファニチャーをおくこともユニバーサル・デザインの1つと考えることができます。

図解の作成に際しても、誰がみても内容がスムーズに伝わるユニバーサル・デザインを心掛けましょう。

ゴチックと太明朝は使いすぎない

行政改革の項目

歳入を伸ばし、**歳出**を抑える。

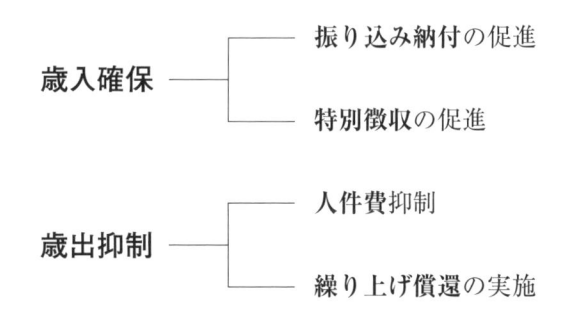

歳入確保 ─┬─ **振り込み納付**の促進
　　　　　　└─ **特別徴収**の促進

歳出抑制 ─┬─ **人件費抑制**
　　　　　　└─ **繰り上げ償還**の実施

修正前 強調表現が多すぎると強調した効果が薄まってしまいます。

↓

行政改革の項目

歳入を伸ばし、歳出を抑える。

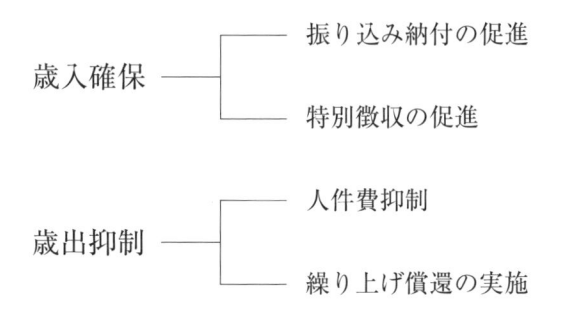

歳入確保 ─┬─ 振り込み納付の促進
　　　　　└─ 特別徴収の促進

歳出抑制 ─┬─ 人件費抑制
　　　　　└─ 繰り上げ償還の実施

修正後 この程度の文章であれば、強調表現はなくても内容は十分伝わります。

3 階層を明確に、注記は必要最小限に

●**階層をグラデーションで表現**

　事例1は、総合計画の3階層と予算の関係を図解したものです。「基本構想→基本計画→実施計画→予算」という階層を山のイメージで示しています。この例では最上層に「基本構想」が位置し、最下層に「予算」が位置することを示すことで、「基本構想」の重要性を表現しています。

　この上位下位の構想はグラデーションを利用して、階層の上位に位置するものの重みを表すことができます。ただし、△の色と文字の色（事例ではアミ掛け濃度）が重複したり、文字が読みにくくならないように気をつけましょう。

●**注記は必要最小限に**

　注記は、それがないと、図や表の意味が通じない場合や読み手の誤解を生じさせる場合などに限り示すこととして、必要最小限のものにしましょう。注記が多いと、せっかくの図解の意味が台無しになります。

　事例2の場合も、注記が多すぎます。表頭の空欄に「改善案の検討手順」と入れるだけで、伝えたいことが理解できるはずです。

メリハリが大切

事例1　総合計画の3階層と予算の関係

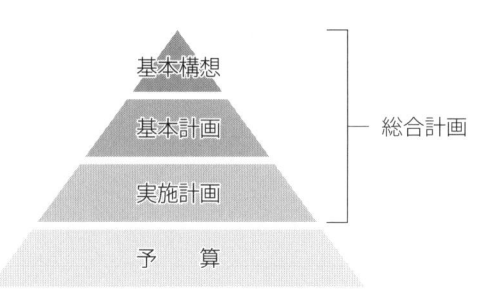

基本構想 ┐
基本計画 ├ 総合計画
実施計画 ┘
予　算

事例2　不要な注書きのある事例

改善案の「検討手順」

	内容	例
1	捨てる・やめる[※1]	未収債権の放棄
2	統合する[※2]	組織の統合
3	置き換える[※3]	委託する
4	簡素化する[※3]	ワンタッチでできるように改善

※1　まずは、もっとも手間がかからない「やめる」「捨てる」を考える。
※2　それがダメなら、2つ以上のものの「統合」を考える。
※3　さらに、「置き換え」「簡素化」を考える。

⬇

改善案の検討手順

検討手順	内容	例
1	捨てる・やめる	未収債権の放棄
2	統合する	組織の統合
3	置き換える	委託する
4	簡素化する	ワンタッチでできるように改善

第4章　「デザイン」改良の基本

4 書体・罫線で一体感、まとまり感を出す

●**グルーピングでまとまり感を出す**

　グルーピングとは、一定の対象を共通項で組み分けしていくことです。グルーピングによって、頁全体が把握しやすくなり、内容を視覚的にスムーズに把握することができます。その結果、読み手は内容を覚えやすくなります。

●**書体を統一しグルーピングを用いる**

　明朝、ゴチック書体などの書体を統一するという、グルーピングの手法を用いることでも一体感が生まれます。

　このことを意識するだけでも、読み手は書かれている内容を視覚的にスムーズに把握することができます。

●**図解形式のグルーピング**

　96頁の政策フローの事例は、アミ掛けによって、各項目のタイトルが、ステップを追ってはっきりと視認されるように表記されています。

　項目タイトルが、ステップを追って視認されることで、全体の流れが浮き上がり、各項目の細目もはっきりと認識されるようになります。

　図解形式では、タイトルと内容について、文字の大きさ、太さ、色、書体、罫線の活用などの工夫が考えられます。

　タイトルにアミ掛けや色を付けることで、図解自体がわかりやすくなると同時に、タイトルが内容についてのインデックス機能を持つことにもなります。

グルーピングでまとまり感が生まれる

事例　地元産の食品

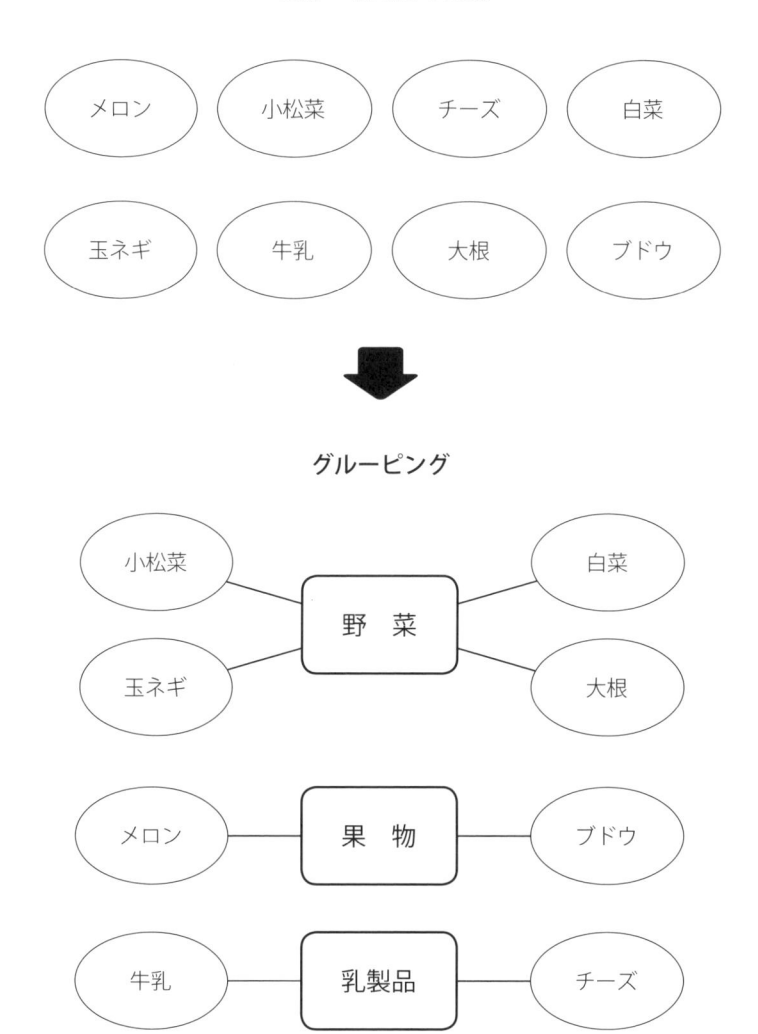

- メロン
- 小松菜
- チーズ
- 白菜
- 玉ネギ
- 牛乳
- 大根
- ブドウ

↓

グルーピング

- 野菜：小松菜、白菜、玉ネギ、大根
- 果物：メロン、ブドウ
- 乳製品：牛乳、チーズ

第4章　「デザイン」改良の基本

政策フローの例

① テーマ設定	現状認識、テーマの決定

② あるべき姿	目標達成後の姿の明確化、具体的な目標設定

③ 現状分析	現状データの把握、さまざまな情報収集

④ 問題点	②あるべき姿と③現状分析の差を確認する

⑤ 改革方針	問題点を解決するための改革方針を計画化する。問題解決の基本となる考え方（コンセプト）の明確化

⑥ 選択肢作成	②あるべき姿に向けて具体的な解決策を立案する。実行計画の作成。投入資源の確保

⑦ 決定・実施・評価	⇒調整による合意形成と実行。そして見直し（継続・拡大・縮小・質的変化など）

5 ボックスを工夫しポイントを強調

●ボックス"あたま"と"おしり"を揃える

資料中に、ボックス図がある場合は、横組の資料であれば矢印の流れは左から右に流れるのが基本です。

はじめのボックスと最後のボックスの大きさが揃っていると、図に安定感が生まれ、見栄えがよくなります。

●強調したい場合は一部のボックスを変更する

特に強調したい内容がある場合には、他の内容のボックスとは型を変え（事例の場合には□型ボックスを○型ボックスに変更し）、太線にして強調します。さらに強調したいボックス（□型や○型）は、太字にして強調しましょう。ただし、強調箇所は絞り込みましょう。

強調なしの場合

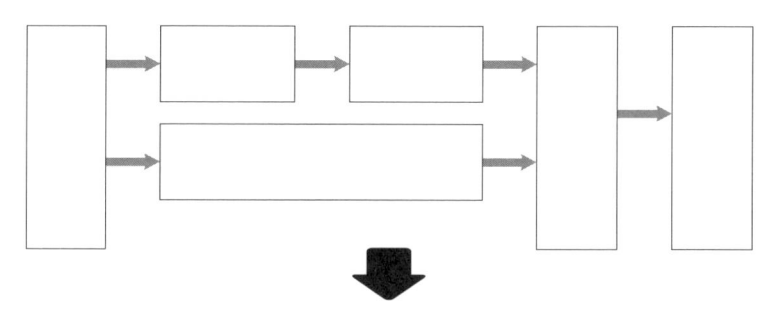

↓

強調した場合

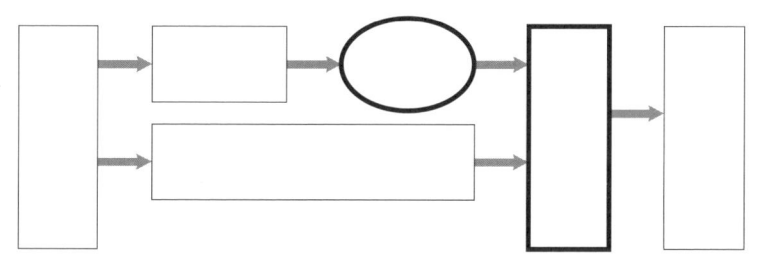

ボックスの大きさは揃える

評価対象事業と評価の流れ

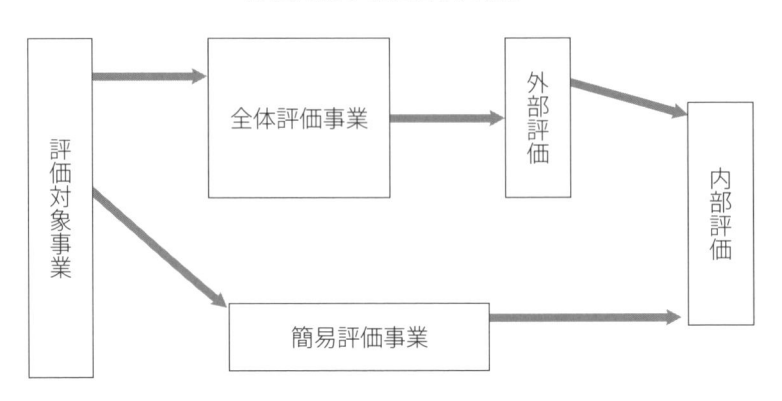

```
評価対象事業 → 全体評価事業 → 外部評価 → 内部評価
           → 簡易評価事業 ──────────────→
```

修正前 "あたま"と"おしり"の大きさが違うので、そこに何らかの意味があるような印象を与えます。

⬇

評価対象事業と評価の流れ

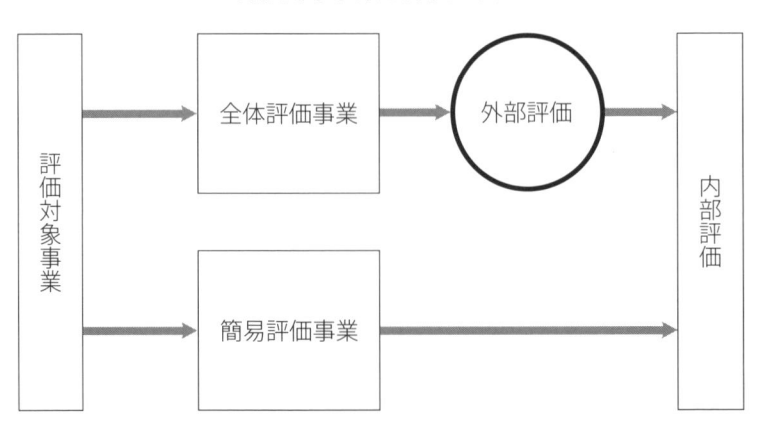

```
評価対象事業 → 全体評価事業 → (外部評価) → 内部評価
           → 簡易評価事業 ──────────────→
```

修正後 "あたま"と"おしり"を揃えて、まとまり感を出しました。
外部評価は円を用いて強調しています。

6 縦軸と横軸を入れ替える

　項目の文字数が多い場合や、項目数が多い場合には、棒グラフを縦棒グラフから横棒グラフに変えてみましょう。

　横棒グラフでは、数値の大きいものから順に並んでいると、見やすさが向上します。

　事例は、総合計画策定時における、ある市（A市）の市民が希望するまちの姿についてのアンケート調査の結果です。

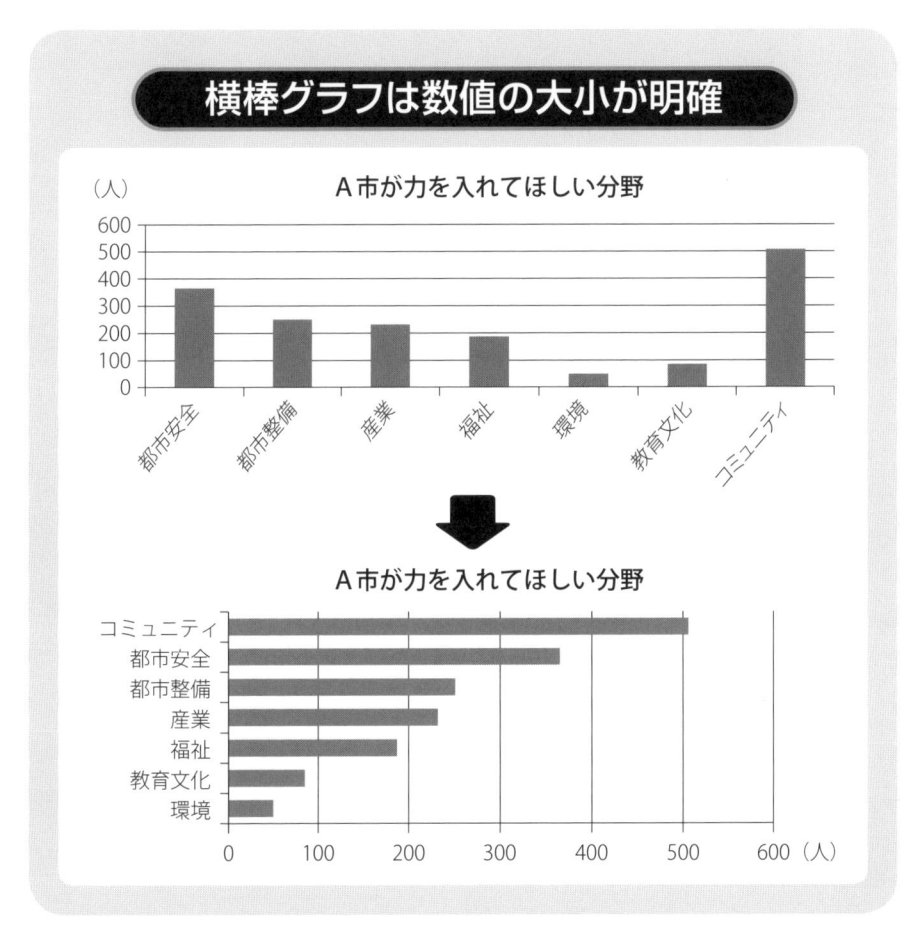

横棒グラフは数値の大小が明確

A市が力を入れてほしい分野

（縦棒グラフ：都市安全、都市整備、産業、福祉、環境、教育文化、コミュニティ）

↓

A市が力を入れてほしい分野

（横棒グラフ：コミュニティ、都市安全、都市整備、産業、福祉、教育文化、環境）

第4章　「デザイン」改良の基本

第4章のまとめ

仕上げは、「デザインの改良」！

◎情報を絞り文字を大きくする

◎余白を活かす

◎強調表現は絞る

◎注記は必要最小限に

◎ボックスの形と大きさを工夫する

◎罫線の太さやまとまり感を演出する

◎強調すべきポイントは**強調する**！

第5章

図解表現作成の流れを覚えよう

1 実際に体系図をつくる

● これまでの手順を確認してみよう

　第5章では、これまで示してきた図解作成の流れを実際に確認していきます。

　とある資料文章をもとに、図解化の実際の流れを見ていきましょう。本節では2つのケースを示すこととします。

　それぞれのケースで、順を追って、図解化していきます。各ステップの狙いは、ステップ1が**メッセージを明確にする**、ステップ2が**キーワードを抜き出す**、ステップ3が**グループをつくる**、ステップ4が**図解に落とし込む**、ステップ5が**デザインを意識して修正する**ことで、ステップ6が**タイトル・注記・補足説明をつける**ことです。

　ケース1では、体系をまとめ、相互の連携を描くプロセスのポイントがわかるように例題を示しました。

　ここでは「非営利組織（NPO）を支援するネットワークモデルについて」という文章の内容を図解化していきます。

〈図解作成の流れ〉

- ステップ1　センテンスごとに分解→メッセージを明確にする
- ステップ2　キーワードの抽出と選択→キーワードを抜き出す
- ステップ3　グループ化→同じ仲間や要素ごとにまとめる
- ステップ4　図形の選択と当てはめ→図解に落とし込む
- ステップ5　見た目とレイアウト調整→デザインを意識し修正する
- ステップ6　補足調整→タイトル・注記・補足説明をつける

ケース1　体系図を描く

非営利組織(NPO)を支援するネットワークモデルについて

　アイデアや技術を持つNPOの多くは、ヒト・モノ・カネといった経営資源が不足している。行政は、こうした経営資源を必要としているNPOをさまざまな形で支援していく。

　具体的に、ヒトの面では、行政による直接的なサポートのみならず、地域の住民の積極的な参加を促し、さらに経営コンサルタント、会計士、税理士、弁護士といった専門家とも協力しNPOを支援していく。

　モノの面からはサポートセンターといったオフィス空間の共有、事務機器の貸与といった協力を、そしてカネの面からはさまざまなイベントの開催等によって、NPOが収益を確保する機会を提供するとともに各種金融機関や企業、財団等との協力関係を促す。

　行政は、ヒト・モノ・カネの3つの面からのNPOをサポートし、ときにNPO支援団体とも連携しながら、NPOに関わるさまざまな主体が相互の情報の共有ができる仕組みを導入し、それらを有機的に結びつけるネットワークをつくってトータルなNPO支援を行う。

ステップ1　センテンスごとに分解

　前記の文章を図解化するにあたって、最初に主旨を箇条書きにすることで、**メッセージを明確にする**ことができます。この場合、箇条書きの文章は、1センテンス1メッセージに限定しましょう。

- アイデアや技術を持つNPOの多くは、ヒト・モノ・カネといった経営資源が不足している。

- 行政は、経営資源を必要としているNPOをさまざまな形で支援していく。

- 具体的に、ヒトの面では、地域の住民の積極的な参加を促す。

- さらに経営コンサルタント、会計士、税理士、弁護士といった専門家とも協力し支援していく。

- モノの面からはサポートセンターといったオフィス空間の共有、事務機器の貸与といった協力を促す。

- そしてカネの面からはイベントの開催等によって、NPOが収益を確保する機会を提供する。

- 各種金融機関や企業、財団等との協力関係を構築する。

- 行政は、ヒト・モノ・カネの3つの面からのNPOをサポートする。

- ときにNPOを支援するNPO支援団体とも連携しながら、NPOに関わるさまざまな主体が相互の情報の共有ができる仕組みを導入する。

- それらを有機的に結びつけるネットワークをつくってトータルなNPO支援を行う。

ステップ2　キーワードの抽出と選択

箇条書きした文章から**キーワード**を抜き出します。箇条書きにしておくことで、キーワードが抜き出しやすくなります。

キーワード

ネットワークモデル　　ヒトの面　　行政
地域住民　　経営コンサルタント　　会計士　　税理士
弁護士　　モノの面　　サポートセンター　　NPO支援団体
事務機器　　カネ　　イベント収益　　金融機関　　企業
財団

ステップ3　グループ化

ステップ2で抜き出したキーワードを**同じ仲間や要素ごとにまとめます**。グルーピングすることで、キーワードの関係性を明確化します。

ヒト	モノ	カネ
地域住民	サポートセンター	イベントの収益
行政	NPO支援団体	金融機関
経営コンサルタント		企業
会計士		財団
弁護士		

目　標　　　相互の情報の共有ができる仕組み
目的・手段　　有機的に結びつけるネットワーク
対　象　　　NPO

第5章　図解表現作成の流れを覚えよう

ステップ4　図形の選択と当てはめ

　次に、ステップ3でグルーピングしたキーワードを**図解に落とし込み
ます**。

　落とし込む型は、25頁の図の基本パターンに示したように、さまざ
まな方法があります。25頁に示した、図の基本パターンがぴたりとあ
てはまる場合もありますし、応用させて落とし込む場合もあります。

　まずは手書きで図解のたたき台を作成してから、パソコンを使用して
作成するのがよいでしょう。

　この事例では、ヒト・モノ・カネの三要素をまとめて体系化し、目
標、目的・手段、対象をそれぞれ個別に分けることとします。

ヒト	モノ	カネ
地域住民	サポートセンター	イベントの収益
行政	NPO支援団体	金融機関
経営コンサルタント		企業
会計士		財団
弁護士		

相互の情報の共有ができる仕組み

有機的に結びつけるネットワーク

NPO

ステップ5　見た目とレイアウト調整

　こんどは**デザインを意識し、図形を修正します**。図は、矢印（→）が直線であれば、ボックスは四角（□型）ではなく、丸（○型）や楕円（⬭型）にすると見やすくなります。

　ボックスが四角（□型）であれば、矢印（→）を曲線にすると見やすくなります。

　見やすい図解づくりのポイントは、直線と曲線を交えるということです。

　図解の文字は、なるべく大きくして見やすくします。色づかいは絞り込み、カラー原稿がモノクロ印刷やモノクロコピーされることも意識して作成しましょう。また、単位も統一するとわかりやすくなります。

ヒト	モノ	カネ
地域住民	サポートセンター	イベントの収益
行政	NPO支援団体	金融機関
経営コンサルタント		企業
会計士		財団
弁護士		

相互の情報の共有ができる仕組み

有機的に結びつけるネットワーク

NPO

ステップ6　補足調整

　図だけでは理解しにくい図解表現も、**タイトルや注記や補足説明、まとめを加える**ことで、わかりやすい図解に生まれ変わります。

　タイトル、注記、補足説明を加えて、まとめます。

　事例では、「行政が仕組みづくりを支援」や「行政が橋渡しを支援」の具体例を図表の下部に記載しています。こうすることで、読者は図が表現しようとする内容のイメージを膨らませることができます。

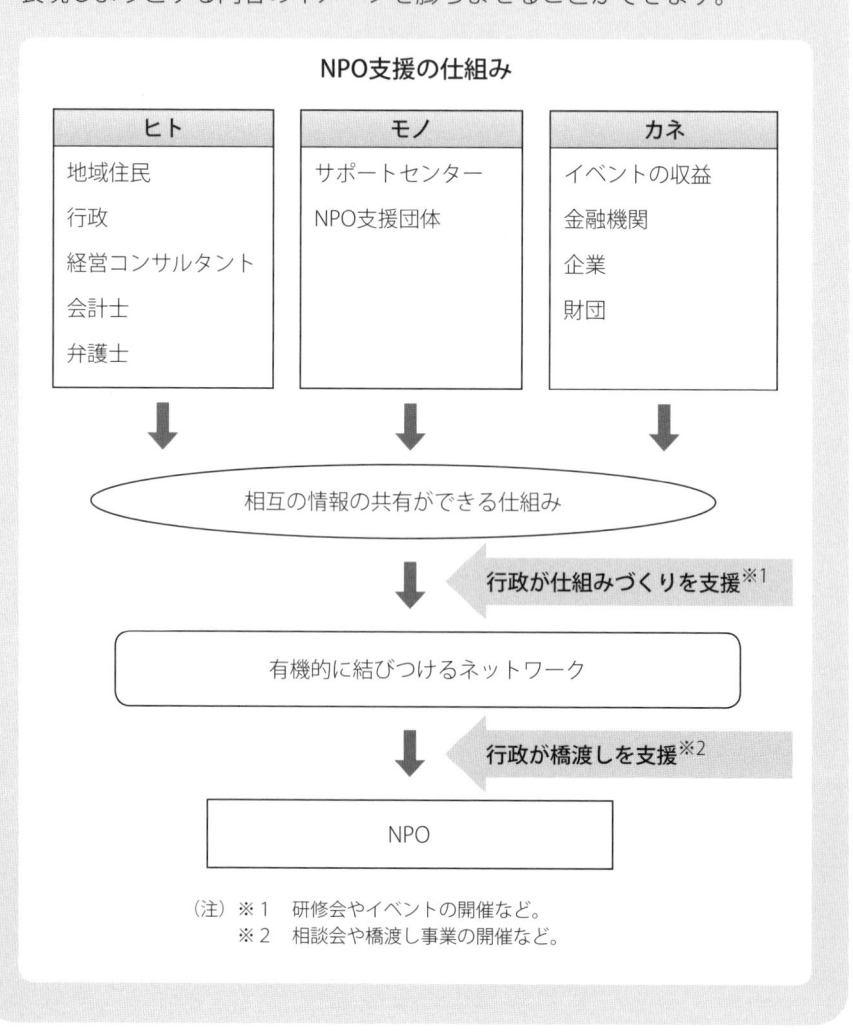

NPO支援の仕組み

ヒト	モノ	カネ
地域住民	サポートセンター	イベントの収益
行政	NPO支援団体	金融機関
経営コンサルタント		企業
会計士		財団
弁護士		

↓　　　↓　　　↓

相互の情報の共有ができる仕組み

↓　← 行政が仕組みづくりを支援[※1]

有機的に結びつけるネットワーク

↓　← 行政が橋渡しを支援[※2]

NPO

（注）※1　研修会やイベントの開催など。
　　　※2　相談会や橋渡し事業の開催など。

2 実際に関係図をつくる

●要素の関係性を意識して書く

ケース2では、「職員研修を通じた市町村政策の再構築」という文章を図解化していきます。

この文章では、「再構築」という言葉が何度も出てきます。1行目、冒頭の再構築の主語は市町村で始まりますが、後段では政策全体の再構築となっているところに注意してください。

次の文章では、「政策の再構築」は「職員研修体系の再構築」「人事政策の再構築」と2つに分かれていることが記されています。

では、この事例を図解化してきましょう。

ケース2　関係図を描く

職員研修を通じた市町村政策の再構築

市町村の再構築には、市町村の職員および組織のレベル向上を通じた市町村の政策全体の再構築が求められる。

職員のレベル向上を図るための職員研修体系の再構築、組織を構成する職員についての人事政策の再構築、これら2つの再構築を通じての市町村の政策全体の再構築が実現することにつながる。

ステップ1　センテンスごとに分解

箇条書きにすることで、メッセージを明確にします。箇条書きの文章は、1センテンス1メッセージです。

- 市町村の再構築には、市町村の職員および組織のレベル向上が必要。
- 市町村の職員および組織のレベル向上を通じた市町村の政策全体の再構築が必要。
- 職員のレベル向上を図るための職員研修体系の再構築が必要。
- 組織を構成する職員の人事政策の再構築が必要。
- 職員研修体系の再構築と人事政策の再構築を通じた市町村の政策全体の再構築が実現。

ステップ2　キーワードの抽出と選択

箇条書きした文章からキーワードを抜き出します。「市町村」という単語が何度も出てくることに注意しましょう。

キーワード

- 市町村の再構築
- 市町村の組織
- 職員研修体系の再構築
- 市町村の政策全体の再構築
- 市町村の職員
- レベル向上
- 人事政策の再構築

ステップ3　グループ化

ステップ2で抜き出したキーワードをグループでまとめます。左から順に要素の単位が大きくなっていることに注意します。

職員	組織	市町村
職員のレベル向上	組織のレベル向上	市町村のレベル向上
職員研修体系の再構築	人事政策の再構築	政策全体の再構築

ステップ4　図形の選択と当てはめ

ステップ3でグルーピングしたキーワードを図解に落とし込みます。

職員	組織	市町村
・職員のレベル向上 ・職員研修体系の再構築	・組織のレベル向上 ・人事政策の再構築	・市町村のレベル向上 ・政策全体の再構築

第5章　図解表現作成の流れを覚えよう

ステップ5　見た目とレイアウト調整

　見た目を意識し、図形を修正します。図は、矢印（→）を直線として、ボックスは角の丸い四角としました。なお、それぞれのボックス内で職員、組織、市町村が重複していることがわかります。

　この事例では、「市町村」に向かう矢印に注意してください。「市町村の再構築には、市町村の職員および組織のレベル向上を通じた市町村の政策全体の再構築が求められる」ので、職員と組織のボックスからの矢印は市町村へ向くことになります。

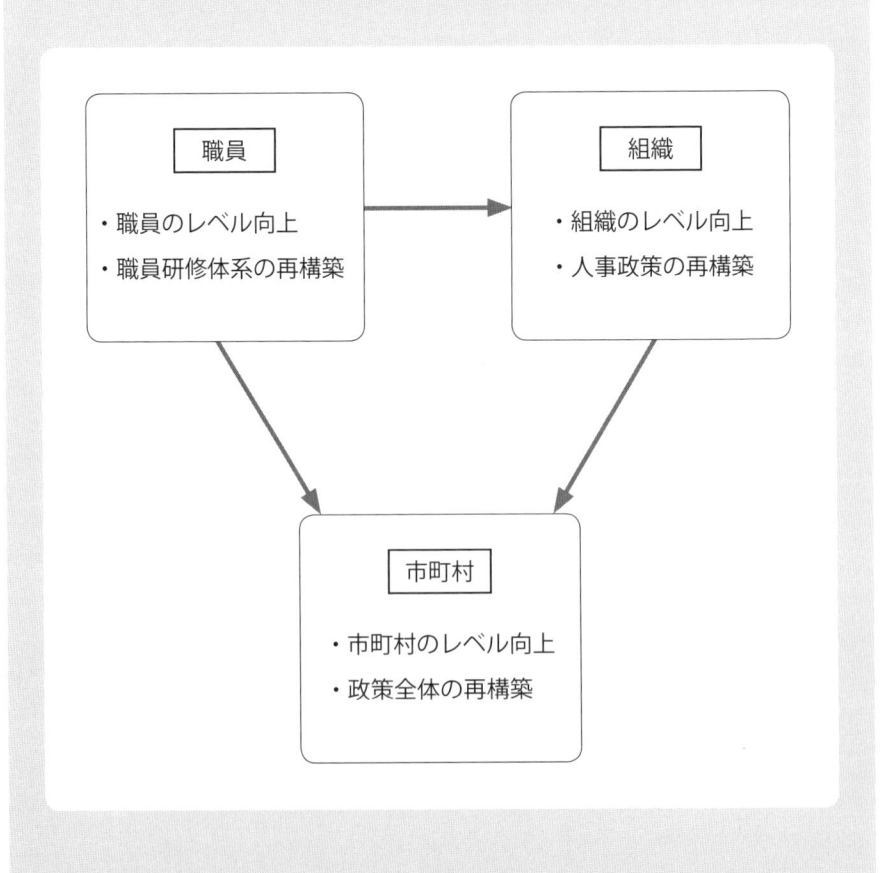

```
┌─────────────────┐        ┌─────────────────┐
│     職員         │──────▶│     組織         │
│ ・職員のレベル向上 │        │ ・組織のレベル向上 │
│ ・職員研修体系の   │        │ ・人事政策の再構築 │
│   再構築         │        │                  │
└────────┬────────┘        └────────┬────────┘
         │                          │
         └──────────┐    ┌──────────┘
                    ▼    ▼
            ┌─────────────────┐
            │     市町村       │
            │ ・市町村のレベル向上│
            │ ・政策全体の再構築 │
            └─────────────────┘
```

ステップ6 補足調整

　図解の中で使う言葉もブラッシュアップしてみましょう。使う文字のフォントや大きさも工夫のしどころです。ボックスを使う場合は、線の太さを工夫しましょう。矢印を使用する場合は、ボックスの枠線の太さとのバランスや向きに十分注意しましょう。

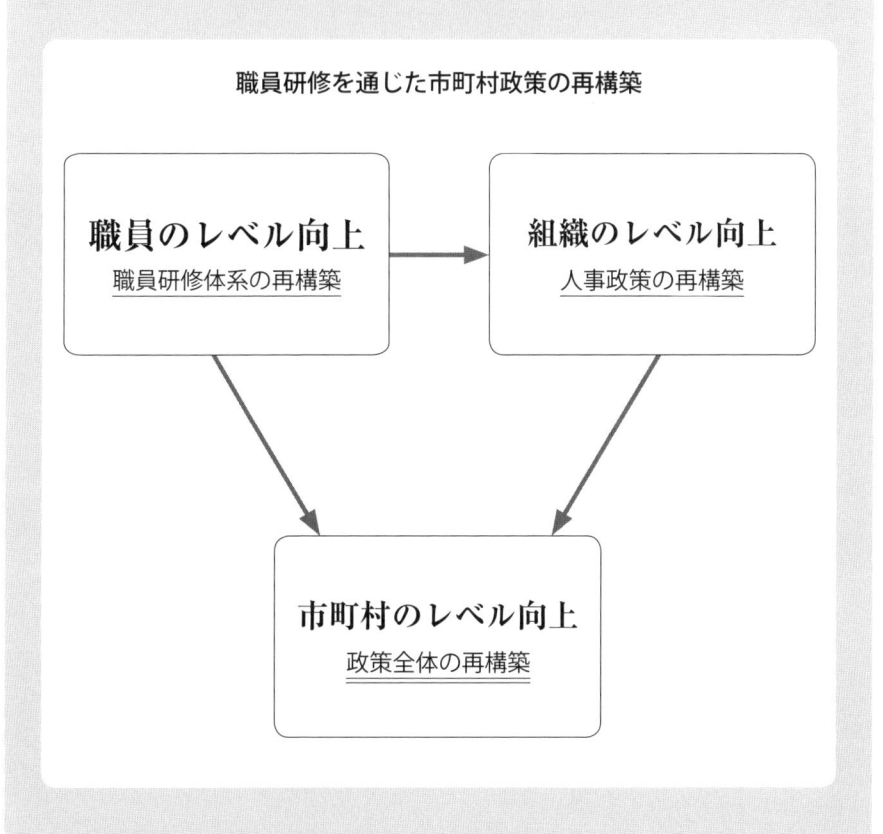

職員研修を通じた市町村政策の再構築

- **職員のレベル向上**
  職員研修体系の再構築

- **組織のレベル向上**
  人事政策の再構築

- **市町村のレベル向上**
  政策全体の再構築

第5章のまとめ

◎図解表現作成の流れ（6つのステップの狙い）

> ステップ1　メッセージを明確にする
> ステップ2　キーワードを抜き出す
> ステップ3　グループをつくる
> ステップ4　図解の型を選び落とし込む
> ステップ5　デザインを意識し修正する
> ステップ6　タイトル・注記・補足説明をつける

◎箇条書きは1センテンス1メッセージ

◎デザインを意識する（直線や曲線の活用）

◎タイトル、注記、補足説明、まとめ、などで全体をわかりやすくする

終章

図解の技術を政策づくりに活かす

1 図解思考のすすめ

●**図解作成の技術を政策形成に応用しよう**

　これまで述べてきた図解作成の技術は、単に資料作成の目的に留めるのみならず、このノウハウやプロセスを政策形成にも活かすことができます。

　終章ではこれを「図解思考」と称して、自治体職員がこれらの技術を政策形成に活かすための応用のしかたを述べていくことにします。

●**ブレーンストーミングとチェック・リストを活用**

　図解思考による政策形成はブレーンストーミング（BS）やチェック・リスト法を用いることで、よりバージョン・アップ、ブラッシュ・アップさせることができます。

　119頁のチェック・リストを見る前に、ブレーンストーミング（BS）を、まず行いましょう。そうすることで、発想が既存概念に縛られることを予防することができます。

　図解を作成することと政策形成の共通点は、「ブレーンストーミング（BS）→チェック・リストによるチェック→ブレーンストーミング（BS）→チェック・リストによるチェック」という繰り返しにあります。この繰り返しが、アイデアを生み出します。図解作成と共通しますので、参考にブレーンストーミングのルールを示します。

〈ブレーンストーミングのルール〉

1．常識を捨てる。恥ずかしがらない。
2．なんでもいいからたくさん出す。
3．批判せず。議論せず。くどくど説明せず。
4．人のアイデアをヒントに発想する。（連想ゲーム）
5．アイデアは箇条書きにして記録する。

図解も政策も反復で練り上げる

ブレーンストーミング　→　繰り返しが大切　←　チェック・リストによるチェック

- 少くとも「発散－収束」を2回以上繰り返してから、改善案を決定しましょう

改善案が決定するまで

【1回目の「発散－収束」】
- 問題点のBS
- 問題点の評価

↓

【2回目の「発散－収束」】
- 改善案のBS
- 改善案の評価
- 改善案の決定

↓

【改善案の決定】

2 チェック・リスト

●チェック・リストで発想力を高める

　次頁の〈発想チェック・リスト〉の例は、アイデアを発想するときのチェック・リストです。後者の〈調整先チェック・リスト〉の例は、計画を策定したり、事業を実施する場合に調整が必要となる主体のチェック・リストです。

　これらのチェック・リストを活用すれば、図解をはじめさまざまな資料を作成する際のヒントになるほか、政策づくりにおいても盲点を取り除くことができます。

　チェック・リストは継続的に活用することで、自分にとって、よりよいオリジナリティのあるチェック・リストになります。

●オリジナル・チェック・リストをつくって活用しよう

　例では、〈発想チェック・リスト〉と〈調整先チェック・リスト〉をあげましたが、用途に応じたさまざまなチェック・リストが考えられます。オリジナル・チェック・リストをつくって活用しましょう。

　参考にさまざまな「つくっておきたいチェック・リスト」を示します。

〈つくっておきたいチェック・リスト〉
　・イベント開催用の備品・消耗品チェック・リスト（室外用）
　・研修会用の備品・消耗品チェック・リスト（室内用）
　・文章作成時の必要項目確認用チェック・リスト
　・戦略策定時の戦略手順確認用チェック・リスト
　・事業仕分け用の事業主体確認手順用チェック・リスト

自分のオリジナル・チェック・リストをつくろう

〈発想チェック・リスト〉の例

項　　目	チェック欄
拡大（縮小）したら	
重く（軽く）したら	
早く（遅く）したら	
上下したら	
粗密を変えたら	
ペース、スケジュールを変えたら	
組み合わせたら（分割したら）	
追加したら（取り除いたら）	
色を変えたら	
動きを変えたら	
形を変えたら	

〈調整先チェック・リスト〉の例

項　　目	交渉順位	チェック欄
係　　内		
課　　内		
部　　内		
全　　庁		
関係団体		
関係機関		
利害関係人		
市　　民		
県		
国		
その他		

調整先の追加は、「その他」欄を活用します。
調整の交渉順位は重要です。順位を間違えないようにしましょう。

終章　図解の技術を政策づくりに活かす

3 政策手法と政策フロー

●**政策手法を自由に選択し組み合わせる**

　第5章で見てきた図解作成プロセスと同様、政策を実現するためには、そのためのさまざまな手法があります。これまで見てきたプロセスと同様、政策目的の実現に適した手法を組み合わせて使用します。

●**政策・施策・事業は組み合わせのパッケージで行う**

　政策・施策・事業は常に組み合わせて効果を発揮させます。その考え方としては、次の2点に集約できます。

〈複数の施策でシナジー効果を生み出す〉

　政策・施策・事業は、複数のものを効果的に組み合わせ実施することでシナジー効果を生み出します。

〈反作用を最小限に抑えるセット施策を行う〉

　政策・施策・事業は、実施することによる反作用が生まれます。この反作用を最小限に抑え、社会の安定を図る必要があります。

●**政策フロー図をつくりこれからの流れを把握する**

　市町村の政策フローは、マニフェストを基点として表すと、122頁の図のようになります。このようなフローを、市町村の最高規範である自治基本条例のなかに位置づけることが必要です。

　なお、122頁のフロー図は、マニフェストを基点として描かれています。マニフェストと意味合いは異なるものの、総合計画以降の各ステップに対しても市民の参加が前提となります。

　図解作成の要領で、政策づくりの要素をまとめていけばよいのです。

政策づくりも図解作成と同じ要領

〈政策手法〉

禁止許可・承認　協議・同意　指定・登録　命令
行政指導　補助金交付　政策税制　認定・認証
広報・啓発　金銭交付　金銭貸与　利子補給
サービス提供　施設提供　人材派遣　相談・情報提供
意見聴取　調停あっせん　当事者協議　協定・契約
苦情対応　行政計画　行動指針　罰則　是正命令
処分取り消し　行政調査　氏名公表　給付拒否
独自税制　寄付促進　市民提案　市民授権　市民協働
民間委託・指定

↓ これらを組み合わせていく。

市民参加の種類と「議会参加・行政参加」の手法

〈市民の2つの参加〉

市民の政治参加　→　選挙のとき

市民の議会参加・行政参加
↓　選挙以外のとき

議会参加・行政参加の手法例

- 討論型世論調査
- 連続型ワークショップ
- 市民会議　審議会
- 市民討議会
- 市民意識調査

- 単発型ワークショップ
- インタビュー
- 説明会　地区別懇談会
- シンポジウム
- フォーラム

- 意見公募手続
- オープンコーナー
- アイデア募集

大　←　経　費　→　小
（経費の大小区分による分類）

終章　図解の技術を政策づくりに活かす

市町村の政策フロー図

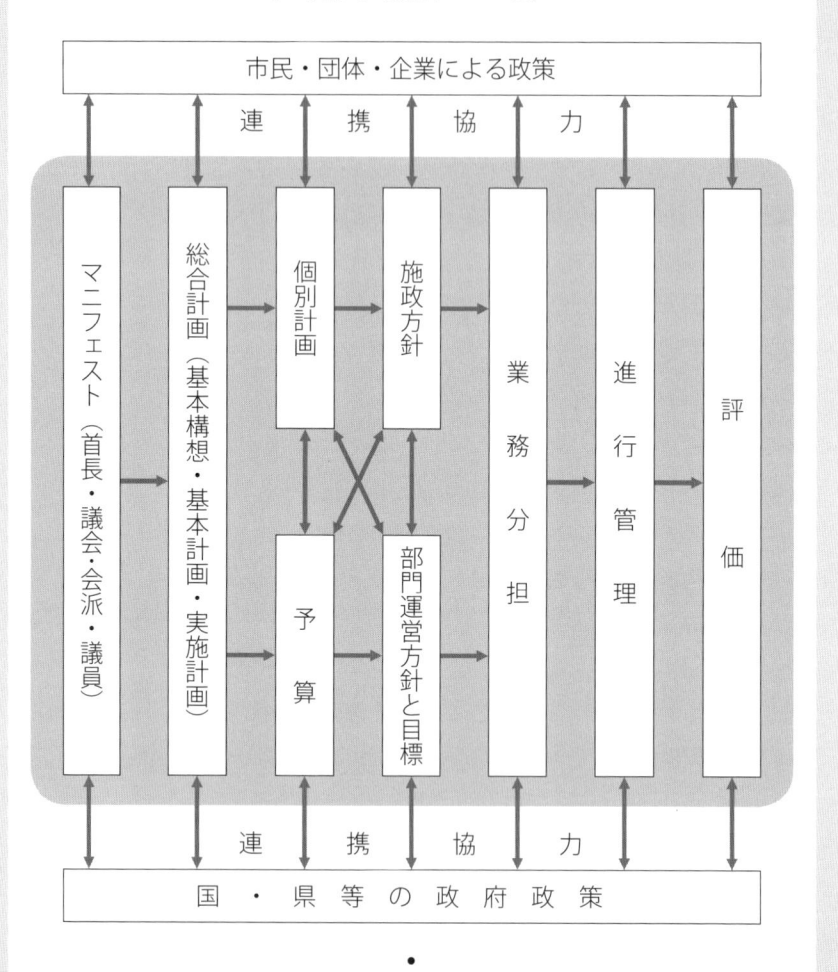

```
┌─────────────────────────────────────────────────┐
│         市民・団体・企業による政策              │
└─────────────────────────────────────────────────┘
          ↕  連  携  協  力  ↕

  ┌──┐ ┌──┐ ┌──┐ ┌──┐ ┌──┐ ┌──┐ ┌──┐
  │マ│→│総│→│個│→│施│→│業│→│進│→│評│
  │ニ│ │合│ │別│ │政│ │務│ │行│ │価│
  │フ│ │計│ │計│ │方│ │分│ │管│ │ │
  │ェ│ │画│ │画│ │針│ │担│ │理│ │ │
  │ス│ │（│ │ │ ╳ │ │ │ │ │ │ │ │
  │ト│ │基│ │ │ │ │ │ │ │ │ │ │
  │（│ │本│ │予│ │部│ │ │ │ │ │ │
  │首│ │構│ │ │ │門│ │ │ │ │ │ │
  │長│ │想│ │算│ │運│ │ │ │ │ │ │
  │・│ │・│ │ │ │営│ │ │ │ │ │ │
  │議│ │基│ │ │ │方│ │ │ │ │ │ │
  │会│ │本│ │ │ │針│ │ │ │ │ │ │
  │・│ │計│ │ │ │と│ │ │ │ │ │ │
  │会│ │画│ │ │ │目│ │ │ │ │ │ │
  │派│ │・│ │ │ │標│ │ │ │ │ │ │
  │・│ │実│ │ │ │ │ │ │ │ │ │ │
  │議│ │施│ │ │ │ │ │ │ │ │ │ │
  │員│ │計│ │ │ │ │ │ │ │ │ │ │
  │）│ │画│ │ │ │ │ │ │ │ │ │ │
  │ │ │）│ │ │ │ │ │ │ │ │ │ │
  └──┘ └──┘ └──┘ └──┘ └──┘ └──┘ └──┘

          ↕  連  携  協  力  ↕
┌─────────────────────────────────────────────────┐
│       国・県等の政府政策                        │
└─────────────────────────────────────────────────┘
```

・
・
・

このことを

<u>自治基本条例に自治体運営の基本方針として明記</u>

参考 **現状から将来（過去）推計を示す**

　最後に、政策づくりと図解作成の参考例として将来推計を取り上げることにします。将来推計をするときには、いつの時点のデータを基礎資料として推計したかが重要です。たとえば、人口減少期の古いデータをもとに推計した場合、地域別の人口では、たとえ人口が現在は社会的要因により増加に転じていた地域であったとしても、推計では人口が減少するという結果になります。

［前提］ 自治体の将来推計
●いつの、どのデータを使うかで、推計結果が変わる

　推計にあたっては、世界及び国内のさまざまな社会的要因を環境要因として十分に把握しておくことが必要になります。
　これらを踏まえた推計を行うことで、必要最小限の投入資源で、大きな効果を生むことにつながります。

●同一自治体内でも地域ごとの動向はさまざま

　人口推計は、市町村単位で行うだけでなく、地域を区分して（たとえば、町字単位で）行うことで、市町村内における地域ごとの動向や課題を把握することができます。これを利用して、地域間の格差、相違を把握することができます。
　1つの市町村内でも地域ごとの動向はさまざまです。相続が発生することで、急に土地活用が図られることもあります。鉄道開業や新駅設置により、大規模マンションがいくつも立地することもあります。

●人口は、まちづくりの基本

　人口は、まちづくりの基本です。人口の増減により、必要となる水道、下水道、ごみ処理などの供給処理施設をはじめとして、子育て施

終章　図解の技術を政策づくりに活かす

設、学校、高齢者向け施設、道路、公園など必要なインフラの量が変わります。量が変わることにより質的変化も生じてきます。

また、大規模な開発が行われた場合、周辺地域との近隣関係に問題が発生してきます。政策としては従来からのコミュニティに一体化するのか、それとも大規模マンション単独でコミュニティを形成して周辺地域とのかかわりを持たないことを前提とするのか、これによって防災や防犯の面からも解決すべき課題が発生します。

●人口で土地利用も変わる

人口が増えれば、さまざまな産業も必要になり立地してきます。そのことが、土地利用にも変化をもたらします。

以下参考として人口問題研究所の人口推計を見ることとします。

［事例１］人口問題研究所の人口推計
●50年後には50年前の人口に逆戻り、でも構成が異なる

次頁の図１は、50年後に、日本における現在の人口が３分の２の約８千万人まで、減少することを表しています。人口が50年前と同じでも、その構成が異なります。

●実績値と推計値の明確な部分

2010年を境にして、実績値と推計値を分けています。

●仮定の明記

このグラフは、死亡中位という条件下での出生中位・高位・低位推計であることをタイトルに明記しています。

60年前の1950年と50年後の2060年とでは、人口がともに８千万人台であっても、その構成が異なります。図２の「年齢３区分別人口の推移」は、総数だけでなく、その構成部分（今回の事例では、人口３区分～年少人口、生産年齢人口、老年人口）に分けて表現しています。そのことにより、対象の実態を表すことができます。

図1　総人口の推移
― 出生中位・高位・低位（死亡中位）推計 ―

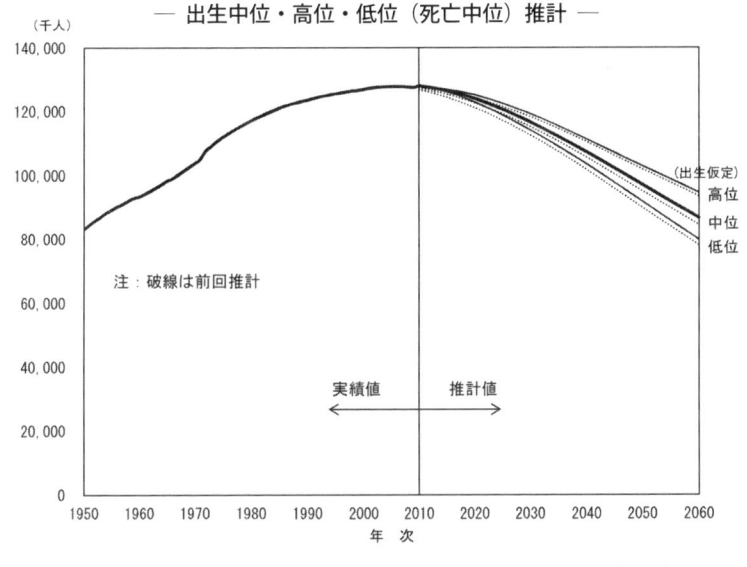

（千人）

注：破線は前回推計

実績値　推計値

（出生仮定）
高位
中位
低位

年次

（出典）『日本の将来推計人口（平成24年1月推計）』、国立社会保障・人口問題研究所、19頁。

図2　年齢3区分別人口の推移
― 出生中位（死亡中位）推計 ―

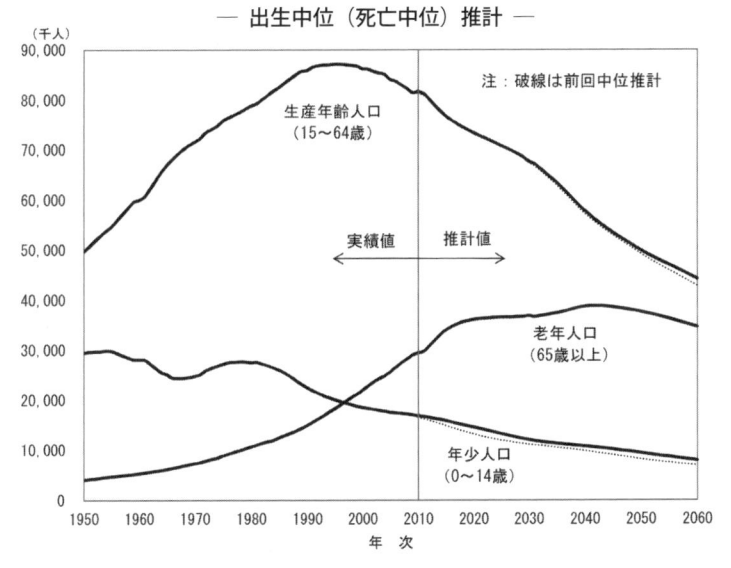

（千人）

注：破線は前回中位推計

生産年齢人口
（15～64歳）

実績値　推計値

老年人口
（65歳以上）

年少人口
（0～14歳）

年次

（出典）『日本の将来推計人口（平成24年1月推計）』、国立社会保障・人口問題研究所、20頁。

終章　図解の技術を政策づくりに活かす

図1、2からは次のようなことが読みとれます。
〈60年前と50年後の3区分別の人口比較（図2より）〉
・生産年齢人口は60年前に約5千万人であった。50年後の人口は約4千5百万人と1割程度減少するが、年少人口や老年人口の変化を比べると大きなものではない。
・年少人口は、60年前に約3千万人であった。50年後の人口は約1千万人と3分の1に減少している。
・老年人口は、60年前に約3百万人であった。50年後の人口は約3千5百万人と12倍に増加している。

〈60年前と50年後の人口3区分の構成比較（図1、図2より）〉
・生産年齢人口は、60年前は総人口の約6割を占めていたが、50年後は総人口の割合は約5割となる。
・年少人口の総人口に対する60年前の割合は約36パーセントだったが、50年後の総人口に占める年少人口の割合は約11パーセントになり、60年前の割合との比較では3分の1以下に減少する。
・老年人口の総人口に対する60年前の割合は4パーセント以下だったが、50年後の総人口に占める年少人口の割合は約39パーセントになり、60年前の割合との比較では10倍近くに増加する。

［事例2］現在、20年、50年後の人口ピラミッドの比較
●人口ピラミッドを3つ並べて変化をみる

事例では、2010年、2030年、2060年として、2010年現在の実数とこれから20年後、50年後の推計について3つの人口ピラミッド（5歳階級別、男女左右対比）を対比しています。

●人口3区分とは

人口の統計では、年少人口（14歳以下）、生産年齢人口（15歳から64歳）、老年人口（65歳以上）の3区分を用いることが多くあります。

●用途に応じた人口推計

人口の統計では3区分を用いることが多くあると書きましたが、その他にも用途に応じて、いろいろな人口推計をしています。

たとえば、近年は、老年人口も74歳までの前期高齢者人口と75歳以上の後期高齢者人口に分類して推計されることも多くなっています。図3の人口ピラミッド（128頁）でも、表示する面の模様を74歳までと75歳以上で分けています。

これは、単に保健医療制度上の区分として利用されるだけでなく、元気な方が多い前期高齢者には、後期高齢者の介護を含め、企業などでの定年後においても、現役の労働力として働いていただきたいという社会的要請、社会的ニーズがあるからです。

●推計が上位推計なのか、中位推計なのか、下位推計なのかを明示

推計のグラフや表には、推計が上位推計なのか、中位推計なのか、下位推計なのかを明示します。125頁の図2では、タイトルに括弧書きで出生中位（死亡中位）の推計であることを示しています。

また、128頁図3の2030年と2060年のグラフでは、人口の推計部分が2010年までの実数に加味されて表示されていますが、出生について、高位推計、中位推計、低位推計と3つの推計を表示しています。

●単位の取り方で、人口ピラミッドの形も変化

図3の人口ピラミッドは、単位が（万人）で、10万人単位で見やすいように罫線を入れています。単位の取り方でピラミッドの形が変わります。また、罫線の数は、年齢区分（例えば、5歳階級別など）のなかで、一番多い人口がどのくらいになるのかを確認した上で、見やすく、かつ誤解を与えないような表示にします。あまり線の密度が高いと図表が見にくくなります。

図3　人口ピラミッドの変化：出生3仮定（死亡中位）推計

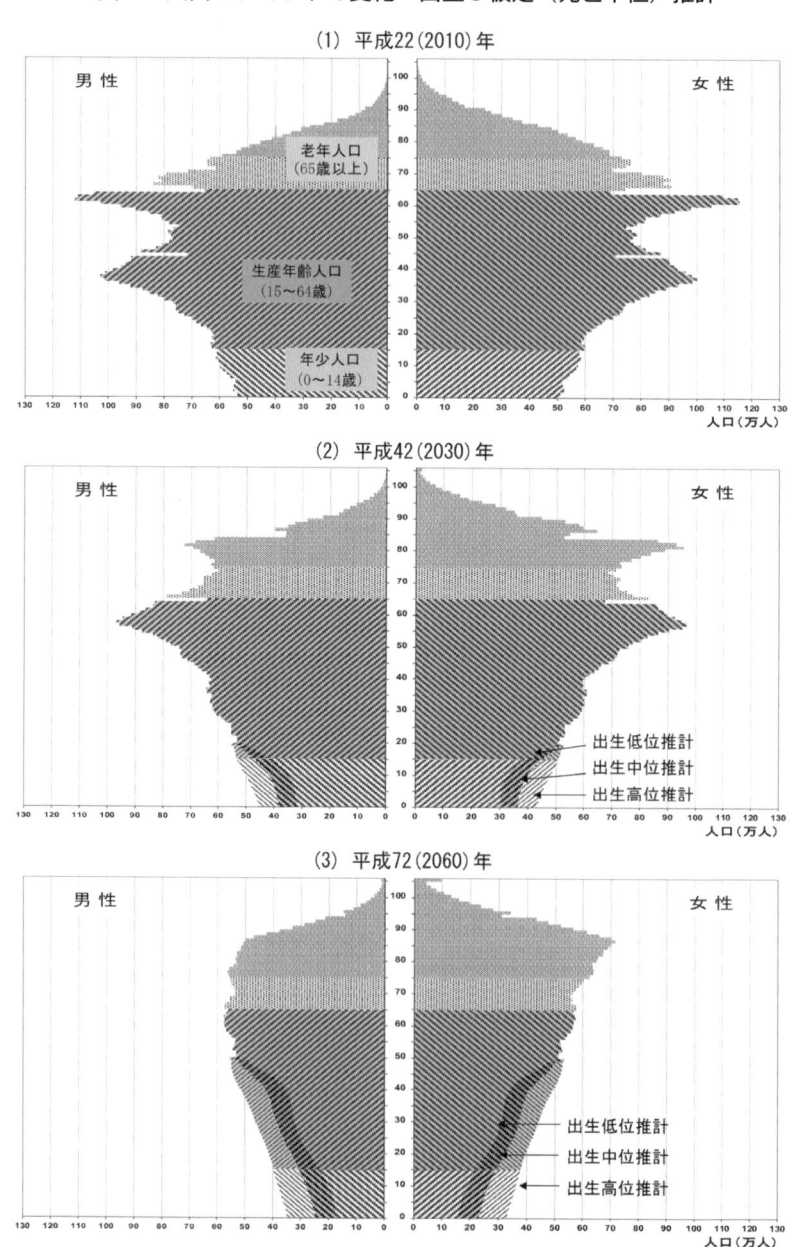

(1) 平成22(2010)年

男性　女性

老年人口
（65歳以上）

生産年齢人口
（15〜64歳）

年少人口
（0〜14歳）

人口（万人）

(2) 平成42(2030)年

男性　女性

出生低位推計
出生中位推計
出生高位推計

人口（万人）

(3) 平成72(2060)年

男性　女性

出生低位推計
出生中位推計
出生高位推計

人口（万人）

（出典）『日本の将来推計人口（平成24年1月推計）』、国立社会保障・人口問題研究所、21頁。

終章のまとめ

図解思考をしよう！

◎ブレーンストーミングとチェックリスト
　1　組み合わせて使おう
　2　結論を出す前に最低2回（「発散－収束」を2回）
　　以上は繰り返そう

◎オリジナル・チェック・リストをつくろう
　1　いろいろなチェック・リストをつくろう
　2　オリジナル・チェックリストで漏れをなくす

◎メニューをパッケージにまとめる
　1　パッケージを図解フローのなかで使う
　2　パッケージの内側で矢印を使う
　3　パッケージの内側と外側の関係として矢印を使う

あとがき

　図解を政策形成に活かす——これが著者の願いでもあります。

　本書は、図解作成の技術を示すという本来の目的のほかに、図解作成という文書実務のノウハウを通じて、市町村の政策に関わる市民、議会、首長、職員などが、地方分権時代のいま、自律と自立により豊かな地域社会を形成していくために必要となる政策形成のエッセンスを集約することも意図しています。

　高度経済成長を画期とする都市型社会への移行にともない市町村には、政策課題の拡大、権限・財源の拡大、職員の量・質の上昇、政策立案・執行能力の熟達がおこり、市町村は地域の政府として自立します（注1）。そして、市町村は地域の公共課題に対応する地域政策の政策主体の1つになっていきました。国の下部機関から、市民の信託によりその地域の課題に市民の資源で対応する自治の機構に再構築されたのです。

　革新自治体のころには、国と市町村との衝突もありましたが、2000年分権改革は、国制度上も、市町村の地域政府としての役割をみとめ、国と地域（地方）の関係も上下主従から対等平等の関係に変容しています。この2000年分権改革により、地方自治法は大改正となり、かつての地方公共団体とは全く異なる自治の姿が見えてくることとなりました。

　2000年分権改革は、制度の水面下で先駆の蓄積が進めてきた「自治体の政府化」（注2）つまり、市町村の政府化を可視化させ国法から制度化するものでもありました。この2000年分権改革により、これまで市町村に対して、その権限を制限していた官治・集権型の「機関委任事務」が廃止になります。市町村は、それぞれの課題領域について、自治事務はもちろんのこと法定受託事務についても、国法の自主解釈、条例という自主立法が行えるようになっています。

　しかしながら、2000年分権改革の趣旨を踏まえた国法の改正等は行

われ続けてはいるものの、まだ十分といえる状況にはありません。このようななかで、市町村には、市民の限りある資源を用いながら、真に市民の必要とする政策を形成し実施することで、市民の信託に応えることが求められているのです。

　もちろん、国法等の改正が進み市町村にとって裁量の余地が広がれば、いっそう地域の人々や市町村が公共政策に関わる範囲が広くなります。

　本書が、そのような公共政策を担う、市町村職員をはじめ多くの政策主体に活用されることを期待しています。

平成27年6月

田中富雄

（注）1．松下圭一（1991）『政策型思考と政治』東京大学出版会、57頁。
　　　2．土山希美枝（2007）『高度成長期「都市政策」の政治過程』日本評論社、201頁。

● 著者紹介

田中 富雄 (たなかとみお)

　大和大学政治経済学部准教授。龍谷大学大学院政策学研究科博士後期課程修了。博士（政策学）。元・三郷市職員。市職員時代は、税、総合計画、行政改革、コミュニティ行政、広域行政、都市計画、都市高速鉄道及びプロジェクト拠点整備、マニフェストの計画化、インナーマニフェスト、庁議改革、政策研究講座（市民との連携講座、庁内向け講座）、インターンシップ事業の制度化、昇任・昇格制度の改善、市民との連携によるフォーラムの開催、自治基本条例の制定・運用、パブリックコメント手続条例の制定・運用、地域学（三郷学）の導入・実践、ワークショップ研修等の新たな研修手法の導入、市民参加をはじめとする各種業務マニュアルの作成、人口ビジョン・総合戦略、公共施設等総合管理計画、広報戦略、シティプロモーション、男女共同参画、一般質問などの議会対応、防災、防犯、放射能対策、にぎわい創出プロジェクトなどの業務に携わる。2017年4月より現職。専門は地方自治、公共政策。

　問合せ先／ E-mail.　seisakublog@gmail.com

一目で伝わる！
公務員の図解で見せる資料のつくり方

2015 年 7 月 8 日　初版発行
2019 年 3 月 14 日　4刷発行

著　者　田中富雄（たなかとみお）
発行者　佐久間重嘉
発行所　学陽書房
　　　　〒102-0072　東京都千代田区飯田橋1-9-3
　　　　営業部 / 電話　03-3261-1111　FAX　03-5211-3300
　　　　編集部 / 電話　03-3261-1112
　　　　http://www.gakuyo.co.jp
　　　　振替　00170-4-84240

装幀 / 佐藤 博
イラスト / 松永えりか（フェニックス）
DTP制作 / みどり工芸社
印刷・製本 / 三省堂印刷

©Tomio Tanaka 2015. Printed in japan
ISBN 978-4-313-15083-6 C0034
乱丁・落丁本は、送料小社負担にてお取り替え致します。